Stefan Luckhaus

Buchreihe
Produktivitätssteigerung in der Softwareentwicklung

Band 2

Managementmodell, Aufwandsermittlung und KPI-basierte Verbesserung

Internet: www.pass-consulting.com

Redaktion & Lektorat:
Heidrun Fernau-Rienecker

Umschlaggestaltung & Satz:
Antje Weber

Umschlaggrafik:
Shutterstock Images LLC

Produktion & Vertrieb:
PASS IT-Consulting Dipl. Inf. G. Rienecker GmbH & Co. KG
Heidrun Fernau-Rienecker

Druck:
tredition

Printed in Germany
Mai 2016

ISBN:
Hardcover: 978-3-9816563-4-3
Paperback: 978-3-9816563-5-0
e-Book: 978-3-9816563-6-7

Inhalt

Einleitung: Factories - von der Manufaktur zur Softwareproduktion 15

Das Potenzial von Produktivitätssteigerungen 16

Die Manufaktur – Softwareentwicklung als Handwerk 18

Entwicklungsstandards 18

Automatisierte Fertigungsprozesse 20

Fachlich-funktionale Standardisierung und Wiederverwendung 22

Ein Managementmodell zur Optimierung der Produktivität 26

I. KPIs und Messmethoden 29

Produktivität messen 31

Qualität messen 34

Zyklische Messung, Auswertung und Optimierung 36

II. Anwendung 39

Auslieferungs- und Neuentwicklungsproduktivität messen 41

Weiterentwicklungsproduktivität messen 43

Qualitätskennzahlen erheben 45

Berechnung des Aufwands geplanter Entwicklungsvorhaben 46

Schritt 1: Umfang der funktionalen Anforderungen ermitteln 47

Schritt 2: Erfahrungswert für die Produktivität finden 48

Schritt 3: Ergebnis interpretieren 49

Schritt 4: Zusätzlichen Aufwand identifizieren 49

Schritt 5: Risiken erkennen und mindern 50

III. Auswertung 53

Entwicklung der Produktivität im Zeitverlauf 54

Interne Benchmarks 58

Externe Benchmarks 60

Bezugswerte 60

Gegenüberstellung von Qualität und Produktivität 65

Anomalie 1: Die Auswirkungen vernachlässigter analytischer Qualitätssicherung 68

Anomalie 2: Die Auswirkungen technischer Schulden 70

Fehlerursachenanalysen 75

IV. Optimierung 79

Key Performance Areas 81

Anwendungsspezifikation 82

Anwendungsarchitektur 83

Systemarchitektur 84

Systembetrieb 85

Entwicklungsarchitektur 86

Qualitätsmanagement 87

Projektmanagement 89

Personalmanagement 90

Berechnung der Wirksamkeit von Verbesserungsmaßnahmen 92
Justierung und Kalibrierung der Messmethoden 96

V. Fazit 99

Glossar 102

Literaturverzeichnis 116

Über den Autor 120

Buchempfehlung 122

Abbildungsverzeichnis

Abbildung 1: Erfahrungswerte für erreichbare Produktivität 17

Abbildung 2: Modellierung eines Prozesses mit der PASS Software Factory (Beispiel) 21

Abbildung 3: Beispiel eines Marktplatzes für Software-Komponenten 25

Abbildung 4: Managementmodell zur Produktivitätssteigerung in der Softwareentwicklung 27

Abbildung 5: Messmethoden bilden das Fundament des Managementmodells 30

Abbildung 6: Anwendung der Messmethoden 40

Abbildung 7: Kennzahlen einer Systementwicklung mit hohem Wiederverwendungsgrad (Praxisbeispiel) 43

Abbildung 8: Auswertung der Kennzahlen und Ursachenanalyse 54

Abbildung 9: Entwicklung der Produktivität über mehrere Monate (Beispiel) 55

Abbildung 10: Interner Produktivitätsbenchmark (Beispiel) 59

Abbildung 11: Arithmetisches Mittel aller Messungen eines Zeitraums als Bezugswert (Beispiel) 62

Abbildung 12: Arithmetisches Mittel aller Messungen eines Zeitraums als Bezugswert (Beispiel) 63

Abbildung 13: Verlauf der durchschnittlichen Neuentwicklungsproduktivität in der PASS Consulting Group 65

Abbildung 14: Normalfall des zeitlichen Verlaufs von Fehlerdichte und Produktivität (Beispiel) 66

Abbildung 15: Normalfall des zeitlichen Verlaufs von Fehlerdichte und Produktivität in einem X/Y-Diagramm (Beispiel) 67

Abbildung 16: Zeitlicher Verlauf von Fehlerdichte und Produktivität bei vernachlässigter Qualitätssicherung (Beispiel) 69

Abbildung 17: Zeitlicher Verlauf von Fehlerdichte und Produktivität bei vernachlässigter Qualitätssicherung, dargestellt in einem X/Y-Diagramm (Beispiel) 70

Abbildung 18: Zeitlicher Verlauf von Fehlerdichte und Produktivität bei technischen Schulden (Beispiel) 72

Abbildung 19: Zeitlicher Verlauf von Fehlerdichte und Produktivität bei technischen Schulden, dargestellt in einem X/Y Diagramm (Beispiel) 73

Abbildung 20: Zusammenfassung der Ergebnisse einer Codeanalyse mit SonarQube (Beispiel) 74

Abbildung 21: Schema zur Klassifizierung von Fehlerursachen (Auszug, Beispiel) 77

Abbildung 22: Planung und Durchführung von Verbesserungsmaßnahmen 80

Abbildung 23: Auswirkungen von Key Performance Areas auf KPIs (Erfahrungswerte) 81

Abbildung 24: Wirkung einer einzelnen Verbesserungsmaßnahme (Beispiel) 93

Abbildung 25: Wirkung von zwei Verbesserungsmaßnahmen in verschiedenen Bereichen (Beispiel) 94

Abbildung 26: Wirkung von zwei Verbesserungsmaßnahmen im selben Bereich (Beispiel) 95

Tabellenverzeichnis

Tabelle 1: Modellrechnung für den Aufwand bei verschiedenen Entwicklungsparadigmen 24

Tabelle 2: Weiterentwicklungsproduktivität durch Zusammenfassung eines Zeitraums von 4 Monaten (Beispiel) 57

Tabelle 3: Beispiel einer Fehlerursachenanalyse nach der 5-Why-Methode 75

Einleitung:
Factories - von der Manufaktur zur Softwareproduktion

Eine Steigerung der Produktivität bedeutet für Software entwickelnde Unternehmen [Wallmüller 1990]:

- Softwareprodukte in kürzeren Zeitintervallen entwickeln;
- Softwareprodukte so entwickeln, dass sie einen höheren Return on Investment liefern;
- Softwareprodukte mit höherer Qualität entwickeln.

Niemand wird daran zweifeln, dass es sich dabei um erstrebenswerte, manchmal sogar essenzielle Ziele handelt. Genau diese Eigenschaften sind beispielsweise für Startups in den ersten Finanzierungsrunden entscheidend, wenn es um die Entwicklung eines digitalen Geschäftsmodells und dessen Bewertung durch Investoren geht. Die erste Frage, die dieses Buch klären möchte, ist: In welchem Maße kann die Produktivität gesteigert werden, d.h. welche Verbesserungen hinsichtlich der oben genannten Punkte können in der Praxis erwartet werden?

Das Potenzial von Produktivitätssteigerungen

Die Bandbreite der Produktivität, die in der heutigen Praxis der Softwareentwicklung gemessen werden kann, ist sehr hoch. Die Ursache dafür ist ein großer Nachholbedarf dieser Branche gegenüber anderen Bereichen der industriellen Entwicklung. Abbildung 1 zeigt Erfahrungswerte der PASS Consulting Group für verschiedene Entwicklungsparadigmen, die jeweils als Verhältnis von Output zu Input errechnet wurden. Der Output wurde mit der Data Interaction Point-Methode (Einheit: DIP), der Input in Personentagen (PT) gemessen [Luckhaus 2014].

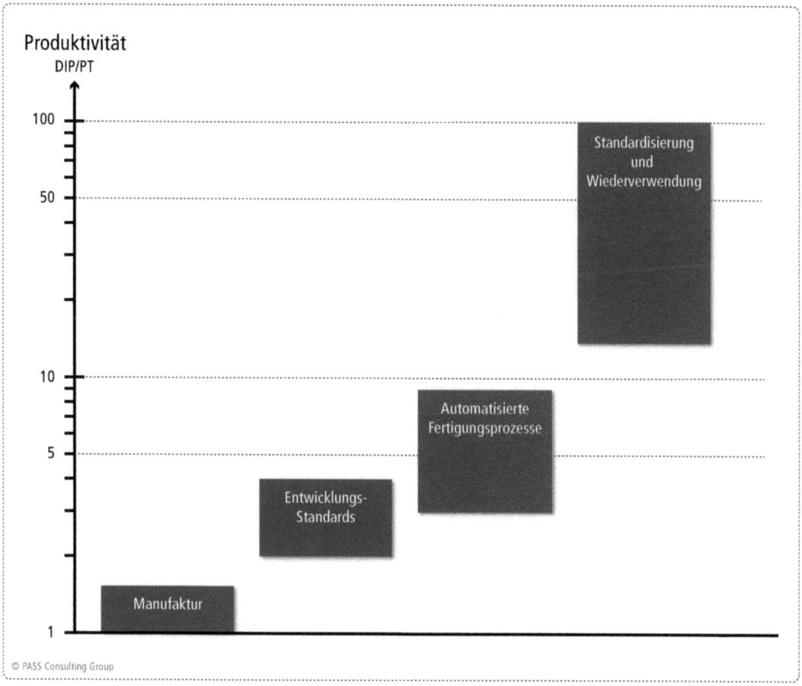

Abbildung 1: Erfahrungswerte für erreichbare Produktivität

Die Manufaktur – Softwareentwicklung als Handwerk

Im Kontext dieser Produktivitätsbetrachtung steht die Softwaremanufaktur für einen Softwarehersteller mit nachfolgend beschriebenen Eigenschaften: Software wird von Grund auf als Unikat hergestellt und sowohl die implementierte Funktionalität als auch der Entwicklungsprozess sind individuell. Die Entwicklung nutzt bestehende Programmiersprachen, Compiler, Entwicklungsumgebungen, einige Werkzeuge usw., zeichnet sich ansonsten jedoch durch Handarbeit aus. Produkt- und Prozessqualität sind stark von der Erfahrung und den Fähigkeiten der Entwickler abhängig.

PASS verfügt über Erfahrungen und Messwerte der Produktivität aus eigenen Projekten wie auch aus Kundenprojekten, die nach Art einer Manufaktur durchgeführt wurden. Ihre Produktivität liegt in der Regel wenig über 1 DIP/PT. Laufen Projekte schlecht, ist auch eine Produktivität möglich, die deutlich unter 1 DIP/PT liegt. Gut laufende Projekte können einen Wert von 2 erreichen. Darüber hinaus gehende Produktivitätssteigerungen sind bei dieser Art der Softwareentwicklung nicht zu erwarten.

Entwicklungsstandards

Softwareentwicklung wird produktiver, wenn technische und Prozessstandards festgelegt und genutzt werden, beispielsweise:

- Programmierrichtlinien und Entwurfsmuster, unterstützt durch Entwicklungsumgebungen, die mit Versionsverwaltungssystemen, Werkzeugen zur Codeprüfung usw. integriert sind.
- Frameworks als Entwicklungsrahmen mit wiederverwendbaren technischen Komponenten.

- Standard-Architekturen, die in ihrem Zusammenspiel bewährte Systemkomponenten vorgeben und die Integration der zu entwickelnden Software mit diesen Systemkomponenten wie auch einen nachträglichen Austausch erleichtern.
- Moderne Programmierparadigmen, welche einerseits Aufgaben an die unterliegende Plattform delegieren und dadurch die Menge des zu entwickelnden Codes reduzieren, andererseits die Stärken der Konzepte aus beispielsweise objektorientierter und funktionaler Programmierung kombinieren.
- Prozessmodelle, durch die Prozesse und Methoden für alle Kompetenzbereiche der Softwareentwicklung festgelegt sind, einschließlich Vorlagen für alle zu erstellenden Dokumente.

Durch Standards können viele Anforderungen erfüllt werden, ohne dass dafür Code entwickelt und getestet werden muss. Sie schützen die Investition in das Softwareprodukt, da Prozess und Produkt unabhängig von der Erfahrung und den handwerklichen Fähigkeiten einzelner Prozessbeteiligter sind und vorab festgelegte Qualitätskriterien eingehalten werden. Handelt es sich um industrieweite Standards (beispielsweise Frameworks wie Hibernate, Spring, PrimeFaces usw.), kann meist auch unternehmensübergreifend auf Erfahrungen zurückgegriffen werden und Mitarbeiter für die Wartung und Weiterentwicklung sind leichter zu finden.

Zu Projekten, die Gebrauch von technischen und Prozessstandards machen ohne dabei jedoch Teilprozesse der Softwareentwicklung zu automatisieren, verfügt die PASS Consulting Group über Messungen, die eine Produktivität zwischen 2 und 4 DIP/PT aufzeigen. Gegenüber einem Projekt, das aufgrund einer eher handwerklich orientierten Arbeitsweise mit einer Produktivität von 1 DIP/PT abgeschlossen wurde, kann durch Standardisierung somit eine bis viermal so hohe Produktivität erreicht werden. Ein möglicher Vorteil wäre der gleiche Output bei einem Viertel der Kosten, alternativ jedoch auch die Entwicklung eines viermal so großen Funktionsumfangs bei gleichen Kosten.

Standardisierung ist ein erster Schritt von der Manufaktur zur Fabrik und eine wichtige Grundlage für den nächsten Meilenstein, die zunehmende Automatisierung entlang des Fertigungsprozesses.

Automatisierte Fertigungsprozesse

Modellbasierte Entwicklung mit automatischer Code-Generierung ermöglicht die Implementierung einer Software auf der abstrakten Ebene eines Modells an Stelle einer Programmiersprache. Ein Beispiel dafür ist die PASS Software Factory, mit der dieses Paradigma seit fast 20 Jahren in der kommerziellen, unter kritischer Betrachtung von Produktivität und Qualität permanent optimierten, Softwareentwicklung eingesetzt wird. Sie basiert auf Modellen für die verschiedenen Gestaltungsbereiche einer Software, d.h. Dialoge, Prozesse, Workflows, Datenstrukturen oder Schnittstellen sowie auf den Werkzeugen, mit denen Objekte in diesen Bereichen erstellt und verändert werden können wie beispielsweise grafische Benutzeroberflächen, Datenmodelle bzw. Modelle von Fachobjekten, einfache Prozessabläufe und Workflows mit mehreren Interaktionen der Benutzer. Der Entwickler verknüpft die verschiedenen Modelle, beispielsweise Workflows mit Dialogen, Buttons in den Dialogen mit Prozessen oder Eingabefelder mit Datenelementen. Ein Codegenerator erzeugt auf Basis dieser Modelle und einer Vorlage, durch die Sprache, Struktur und Kommentierung gesteuert wird, lauffähigen und um technische Validierungsprüfungen angereicherten Code. Spätere Änderungen an der Software werden auf Modellebene durchgeführt und davon betroffener Code neu generiert.

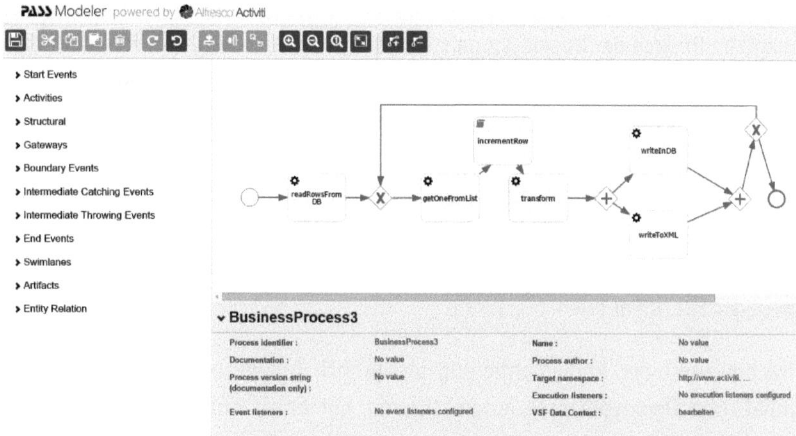

Abbildung 2: Modellierung eines Prozesses mit der PASS Software Factory (Beispiel)

Ein Erfahrungswert aus der Entwicklung individueller Anwendungen mit der PASS Software Factory ist ein Anteil generierten Codes von etwa 80 %. Der Rest wird individuell programmiert. Die Produktivität wurde in verschiedenen Projekten zwischen 3 und 8 DIP/PT gemessen. Weiteres Potenzial liegt auch hier in der Standardisierung: Ein einheitlicher Dialogaufbau (beispielsweise aus den Strukturen von Fachobjekten automatisch erzeugte Suchdialoge mit entsprechender Ergebnisliste und nachfolgender Detailanzeige), Workflows (z.B. eine einheitliche Freigabe von Fachobjekten nach dem 4- oder 6-Augen-Prinzip) usw. Diese Art der Standardisierung schließt nicht die Berücksichtigung individueller Anforderungen aus, sondern sie bezieht sich nur auf die Art ihrer Umsetzung. Erfahrungen mit der standardisierten modellbasierten Entwicklung zeigen, dass dadurch eine Produktivität von 20 bis 25 DIP/PT möglich ist.

Automatisierung ist nicht nur im Bereich der Implementierung möglich, sondern über den gesamten Entwicklungsprozess hinweg. Bei Projekten, die unter Anwendung der PASS Software Factory durchgeführt wurden, fiel meist der größte Aufwand im Bereich der Business Analyse und Konzepterstellung an. Aktuell arbeitet PASS an einer Erweiterung seiner Modellierungswerkzeuge, sodass Business Analysten in Zusammenarbeit mit ihren Kunden das gewünschte System nicht erst auf dem Papier beschreiben sondern künftig direkt in der Software Factory modellieren und dabei lediglich fachliche Erklärungen hinzufügen. Da das Modell gleichzeitig die Grundlage der automatischen Code-Generierung ist, entfallen bei dieser Vorgehensweise Fehler durch die Interpretation unvollständiger oder mehrdeutiger Spezifikationen.

Nachgelagert der Implementierung lassen sich bereits mit einfachen Mitteln Build- und Deployprozesse automatisieren, mit etwas höherem Aufwand auch Tests. Mit zunehmender Standardisierung und Generierung erhöht sich der Anteil der konstruktiven Qualitätssicherung und die Notwendigkeit zur analytischen QS individuell implementierter Anforderungen wird geringer. Die Güte manuellen Testens hingegen ist ohnehin stark von der Gründlichkeit der Tester abhängig und ein Aufwandstreiber, wenn eine hohe Testabdeckung mit kurzen Releasezyklen Schritt halten soll. PASS hat im Rahmen seiner Test Factory die Möglichkeit automatisierter End-to-End-Tests geschaffen, durch die Testfälle mit ihrem zugehörigen Datenkontext nur einmal definiert werden müssen und anschließend zyklisch, beispielsweise in jeder Nacht, ausgeführt werden. Bereits bei 2 bis 3 Testdurchläufen hat sich der Aufwand für die Erstellung der Testfälle bezahlt gemacht. Dennoch gibt es im Bereich der Testfall- und Testdatenerstellung noch erhebliches Potenzial zur Produktivitätssteigerung.

Fachlich-funktionale Standardisierung und Wiederverwendung

Generell zeichnet sich die moderne industrielle Massenfertigung neben der Automation auch durch Standardisierung aus. Anfänglich war nur das Produkt selbst standardisiert, heute sind es immer kleinere Komponenten, aus denen das Produkt im Rahmen des Produktionsprozesses zusammengesetzt wird. Ein Beispiel ist die Automobilindustrie: Der Kunde stellt sich sein Fahrzeug individuell aus zahlreichen, nahezu beliebig kombinierbaren, Optionen zusammen; bei der automatisierten Fertigung werden Komponenten entsprechend seiner Wahl zusammengefügt. Kaum ein Fahrzeug, das die Produktionslinie verlässt, gleicht dem anderen.

Auch in der Softwareentwicklung lässt sich Aufwand einsparen, wenn ein System nur noch aus bestehenden normierten Komponenten mit jeweils festgelegten fachlichen Funktionen zusammengesetzt wird und diese nicht mehr individuell programmiert werden müssen. Je kleiner diese Komponenten sind, umso geringer auch die Einschränkungen bei der Individualität des Systems. Dieses Paradigma erfordert die Bereitstellung jeder einmal programmierten fachlichen oder technischen Komponente mit einer Beschreibung ihrer Funktionalität und Schnittstelle, sodass neue Anforderungen möglichst vollständig durch Orchestrierung dieser bestehenden Komponenten erfüllt werden können. Im Idealfall entsteht nur noch Aufwand zur Anforderungsanalyse, Orchestrierung und Konfiguration eines Systems. Der Arbeitsaufwand ist gegenüber einer vollständigen Neuentwicklung, d.h. Programmierung aller gewünschten Funktionen, sehr gering. Die Produktivität und somit auch die Zeit bis zum Einsatz, der Return on Investment (RoI) und die Qualität erreichen optimale Werte.

Auch zu diesem Paradigma gibt es Erfahrungswerte aus der Softwareentwicklung der PASS Consulting Group. Kurz vor Erscheinen dieses Buches wurde für einen Kunden ein individuelles, mit 30.442 Data Interaction Points sehr großes, Travel Management System entwickelt. Dabei verwendete man neben technischen Komponenten auch fachliche aus der sogenannten „Solution World Travel", einem fachlichen Komponenten-Repository. Der Wiederverwendungsgrad wurde mit 90 % gemessen, die Produktivität mit 80,7 DIP/PT (siehe auch Kapitel „II.

Anwendung", „Auslieferungs- und Neuentwicklungsproduktivität messen"). Der Entwicklungsaufwand für dieses System würde bei anderen Paradigmen deutlich höher liegen:

Paradigma	Produktivität	Aufwand
90% Wiederverwendung (gemessen)	80,7 DIP/PT	377 PT
Modellbasierte Entwicklung (Annahme)	8 DIP/PT	3.805 PT
Manufaktur (Annahme)	1 DIP/PT	30.442 PT

Tabelle 1: Modellrechnung für den Aufwand bei verschiedenen Entwicklungsparadigmen

Gegenüber der Entwicklung im Stil einer Manufaktur wurden bei dieser Systementwicklung über 30.000 PT Aufwand eingespart.

Mit diesem und ähnlichen Entwicklungsprojekten wurde das Potenzial der Wiederverwendung noch nicht ausgeschöpft. Eher stellt es einen vorsichtigen ersten Schritt dar. Verbesserungen sind dabei in zwei Richtungen möglich:

- Die horizontale Erweiterung des Komponenten-Angebots in Richtung einer größeren Vielfalt an Funktionalität.
- Die Granularität, d.h. die Größe der normierten, austauschbaren Komponenten, um mehr individuelle Kombinationen zu ermöglichen.

Diese Verbesserungen führen in der Konsequenz zu einem größeren Angebot an Software-Komponenten und der Herausforderung, Anbieter und Nachfrager zusammen zu bringen. Benötigt wird eine zentrale Repräsentation der Komponenten mit Beschreibung ihrer Funktionalität, Schnittstellen, entsprechende Suchfunktionen usw. Für Open Source Komponenten, Plug-ins zu größeren Anwendungssystemen und Apps wurde diese Herausforderung durch elektronische Marktplätze im Internet gelöst (siehe das Beispiel in Abbildung 3) [Fettke/Loos/Viehweger 2003]. Viele Unternehmen, darunter auch PASS, entwickeln heute eigene Marktplätze, um fachliche und technische Komponenten der verschiedensten Organisationseinheiten anzubieten – im ersten Schritt meist unternehmensintern, später oft auch als virtuellen Vertriebskanal.

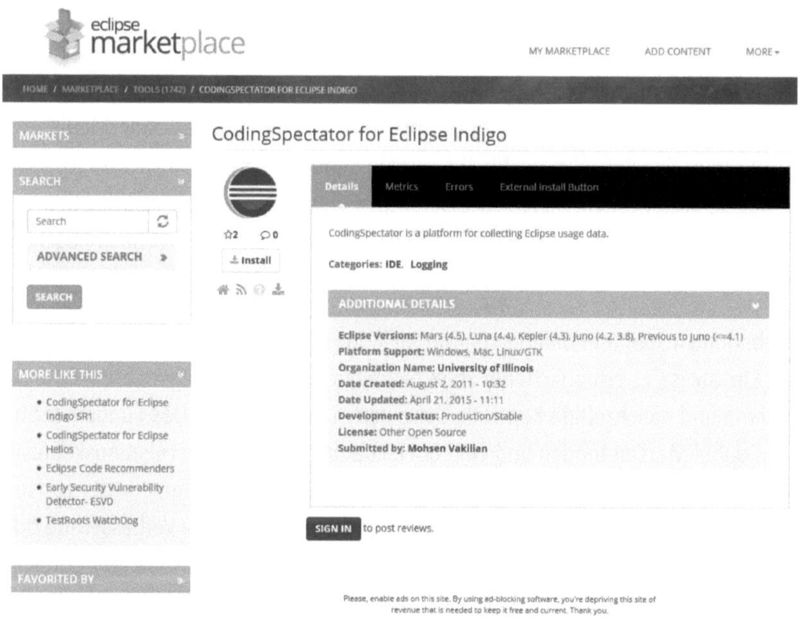

Abbildung 3: Beispiel eines Marktplatzes für Software-Komponenten

Ein Managementmodell zur Optimierung der Produktivität

Die Analyse nach unterschiedlichen Paradigmen durchgeführter Entwicklungsprojekte macht nicht nur das Potenzial für Produktivitätssteigerungen deutlich. Es wird dabei auch klar, dass einzelne Verbesserungsmaßnahmen nicht ausreichen, um die Produktivität in diesem Maße nachhaltig zu steigern. Alleine die Einführung eines Modellierungstools garantiert noch nicht die Vorteile, die insgesamt durch modellbasierte Entwicklung möglich sind: Es muss von den Mitarbeitern auch ohne großen Aufwand bedient werden können. Erfordert die Modellierung sowohl fachliches als auch technisches Wissen, sind eventuell andere Rollen bzw. Skills erforderlich. Die Erstellung der Modelle muss (möglichst ohne Medienbrüche) einen direkten Nutzen für die nachfolgenden Prozessschritte haben. Es ist möglich, dass vermeintliche Verbesserungsmaßnahmen zu einer Verschlechterung der Produktivität führen. Möglicherweise stellt sich dies auch erst nach Abschluss der Neuentwicklung heraus, wenn das Produkt weiterentwickelt wird.

Abbildung 4 stellt ein Managementmodell dar, das bei PASS seit mehreren Jahren im Einsatz ist. Es ermöglicht die objektive Steuerung durch zielgerichtete Einflussnahme und gleichzeitige Kontrolle der eigenen Produktivität. Das Fundament bilden dabei Messmethoden und eine überschaubare Anzahl von Leistungskennzahlen (Key Performance Indicators, KPIs), ohne die ein Unternehmen weder feststellen kann, wie produktiv es ist, noch ob Veränderungen zu einer Verbesserung oder Verschlechterung geführt haben. Das nachfolgende Kapitel beschreibt zunächst die Einführung und Kalibrierung dieser Messmethoden und KPIs. Weitere Kapitel beschäftigen sich mit ihrer zyklischen Anwendung, Auswertung sowie Optimierungen in verschiedenen Handlungsfeldern bzw. durch eine Nachkalibrierung der Messmethoden.

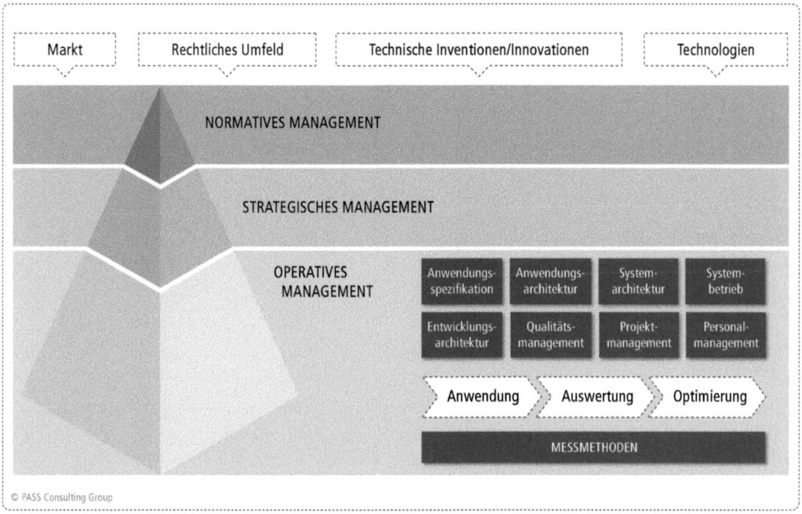

Abbildung 4: Managementmodell zur Produktivitätssteigerung in der Softwareentwicklung

I. KPIs und Messmethoden

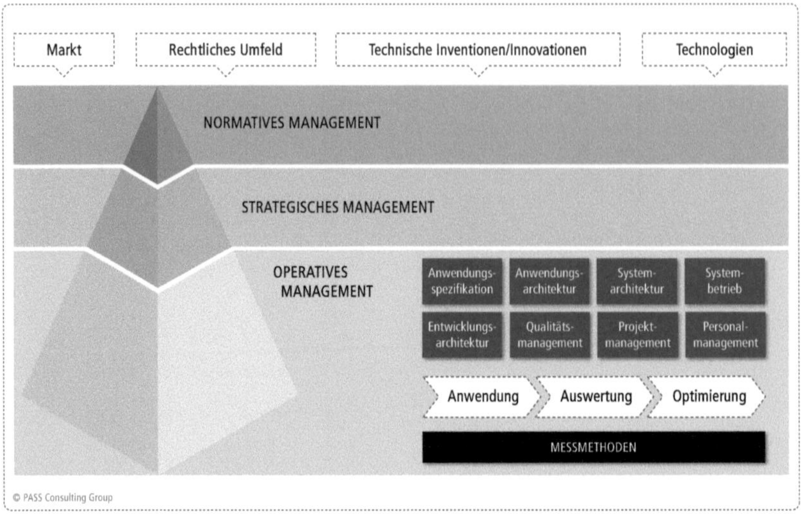

Abbildung 5: Messmethoden bilden das Fundament des Managementmodells

Zu Beginn der Einleitung wurden die folgenden Ziele beschrieben, die durch eine Produktivitätssteigerung erreicht werden können:

- Softwareprodukte in kürzeren Zeitintervallen entwickeln;
- Softwareprodukte so entwickeln, dass sie einen höheren Return on Investment liefern;
- Softwareprodukte mit höherer Qualität entwickeln.

Der Grad der Zielerreichung kann durch die folgenden Leistungskennzahlen überprüft werden:

- **Produktivität** (bezogen auf Softwareentwicklung als Produktionsprozess und unter Berücksichtigung der Arbeitsleistung)
- **Kosten** (unter Berücksichtigung von Personal-, Lizenz- und Infrastrukturkosten zur Softwareentwicklung)
- **Qualität** (bezogen auf das Produkt, d.h. auf die entwickelte Software)

Eine Ermittlung der Kosten sollte im Rahmen der betriebswirtschaftlichen Prozesse eines Unternehmens etabliert sein. Dieses Kapitel beschäftigt sich mit der Erhebung der KPIs Produktivität und Qualität durch geeignete Messmethoden.

Produktivität messen

Die Produktivität eines Produktionsprozesses entspricht seiner Effizienz, die als Verhältnis von Output zu Input errechnet wird:

$$\text{Produktivität} = \frac{\text{Output}}{\text{Input}}$$

Betrachtet man die Softwareentwicklung als Produktionsprozess, entspricht der Output dem Umfang der produzierten Software und der Input den Entwicklungskosten. Dabei können die Kosten für Infrastruktur vernachlässigt werden, wenn diese vorhanden ist und in einem neuen Entwicklungsprozess wieder unverändert genutzt werden kann. Da zur Softwareentwicklung meist Open Source-Werkzeuge eingesetzt werden oder Unternehmenslizenzen vorhanden sind, kann in der Regel auch dieser Kostenfaktor vernachlässigt werden. Somit reduziert sich der Input auf den Personalaufwand, d.h. die zur Entwicklung aufgewendete Arbeitsleistung:

$$\text{Produktivität} = \frac{\text{Umfang}}{\text{Aufwand}}$$

Damit Messungen der Produktivität vergleichbar sind und als Vergleichswerte für die Ermittlung des Aufwands künftiger Entwicklungsvorhaben verwendet werden können, müssen die folgenden Anforderungen erfüllt sein:

- **Die Systemgrenzen sind präzise festgelegt.**

  Jedes Produkt, das durch den Produktionsprozess entsteht bzw. erweitert wird, muss gegen seine Umgebung abgegrenzt werden. Misst man die Produktivität bei der Entwicklung von Anwendungssoftware, sollten dabei alle Komponenten, die der Anwendung erst nach der Entwicklung in einer Laufzeitumgebung hinzugefügt werden, beispielsweise Server, Betriebssysteme, Middleware usw., unberücksichtigt bleiben.

- **Der Prozessumfang ist einheitlich und präzise abgegrenzt.**

  Um Messungen verschiedener Entwicklungsprozesse miteinander vergleichen zu können, ist eine präzise Festlegung von Anfang und Ende der Prozesse erforderlich. In den meisten Fällen hat sich eine Betrachtung der vollständigen Entwicklung bewährt, sodass alle Tätigkeiten bzw. Phasen in der Messung berücksichtigt sind. Isolierte Messungen einzelner Tätigkeiten wie beispielsweise der Anforderungsanalyse, Konzeption, Implementierung, funktionaler Tests usw. würden auch eine möglichst präzise Trennung dieser Phasen erfordern, was bei agilen Vorgehensweisen oft nicht mehr möglich ist.

- **Prozesse schließen mit einer einheitlichen Ergebnisqualität ab.**

  Der bei einer Messung betrachtete Entwicklungsprozess muss mit einer einheitlichen, möglichst präzise festgelegten, Qualität abschließen. Sinnvoll ist die Definition eines finalen Quality Gates, in dem Prüfungen und eindeutige Kriterien definiert sind, bei deren Erfüllung der Prozess als abgeschlossen angesehen werden darf. Das Kapitel „Anomalie 1: Die Auswirkungen vernachlässigter analytischer Qualitätssicherung" beschreibt typische Auswirkungen, wenn diese Kriterien nicht eingehalten werden.

- **Der Input ist messbar.**

  Der Input für eine Produktivitätsmessung ergibt sich aus dem Personalaufwand, d.h. der Arbeitsleistung aller am betrachteten Prozess beteiligten Mitarbeiter. Die Messbarkeit setzt voraus, dass diese Arbeitsleistung präzise und zuverlässig ermittelt werden kann. Dabei muss sichergestellt sein, dass keine Arbeitszeit der Mitarbeiter in die Messung eingeht, die sie nicht aktiv für das zu messende Projekt aufgewendet haben. Außerdem ist auch der Aufwand von Mitarbeitern zu berücksichtigen, die nicht zum Projektteam gehören und nur zugearbeitet haben. Dies ist meist eine organisatorische Herausforderung.

- **Der Output ist messbar.**

  Die Quantifizierung des Outputs aus einem Softwareentwicklungsprozess, d.h. des Umfangs der produzierten Software, erfordert eine funktionsorientierte Umfangsmetrik wie beispielsweise die Function Point-Analyse [ISO/IEC 20926 2009], die COSMIC-Methode [COSMIC FSM 2014] oder die Data Interaction Point-Methode [PASS 2013].

Das erste Buch dieser Buchreihe mit dem Untertitel „Messbarkeit und Messmethoden" [Luckhaus 2014] beschreibt diese Messmethoden und vergleicht sie miteinander. Die im vorliegenden Buch genannten Erfahrungswerte basieren auf der Data Interaction Point-Methode, jedoch haben die daraus abgeleiteten Aussagen auch für andere Umfangsmetriken Gültigkeit, die sich am Standard ISO/IEC 14143 orientieren [ISO/IEC 14143 2007]. Die

Entscheidung der PASS Consulting Group für die Data Interaction Point-Methode wurde durch folgende Eigenschaften begünstigt:

- Sie basiert ausschließlich auf Zählungen nach präzise festgelegten Regeln und verzichtet auf jegliche Schätzungen oder Transformationen von Werten durch Intervallskalen.
- Zählungen können leicht automatisiert werden.
- Sie ist kalibrierbar und kann somit gut an unterschiedliche Typen von Software angepasst werden, beispielsweise dialogorientierte Web-Anwendungen, Legacy-Systeme mit zeichenorientierten Masken, Transaktions-/Echtzeit-Systeme usw.

Qualität messen

Die Norm EN ISO 9000 definiert Qualität als „Grad, in dem ein Satz inhärenter Merkmale Anforderungen erfüllt" [Kamiske/Brauer 2007]. Bezogen auf eine IT-Anwendung als Ergebnis eines an Anforderungen orientierten Entwicklungsprozesses läßt sich der Qualitätsbegriff daher als **Erfüllungsgrad expliziter und impliziter Anforderungen** präzisieren. Explizite Anforderungen sind solche, die mit dem Auftraggeber bzw. Produktverantwortlichen vereinbart und nachvollziehbar dokumentiert wurden. Bei impliziten Anforderungen handelt es sich um gängige Erwartungen an nicht-funktionale Eigenschaften, falls diese nicht explizit vereinbart und dokumentiert wurden. Ein Beispiel für eine implizite Anforderung ist ein schnelles Antwortzeitverhalten einer Anwendung ohne spürbare Wartezeiten. Welche Antwortzeiten akzeptabel sind, ist individuell verschieden und damit auch das Empfinden der Qualität. Es ist daher besser, Aspekte wie das Antwortzeitverhalten unter bestimmten Rahmenbedingungen quantitativ und somit messbar festzulegen. Dadurch wird aus der impliziten eine explizite Anforderung mit dem Vorteil, dass durch eine Messung überprüft werden kann, ob sie erfüllt ist oder nicht.

Betrachten wir die Qualität einer IT-Anwendung daher als Erfüllungsgrad aller (expliziten und impliziten) Anforderungen und sehen Fehler als nicht erfüllte Anforderungen und somit als Qualitätsdefizite an ist es naheliegend, **die Anzahl der Fehler als Maß für die Qualität** zu verwenden. Eine wichtige Voraussetzung ist jedoch, dass beispielsweise von verschiedenen Testern festgestellte identische Fehler, d.h. solche mit der gleichen Ursache, nicht mehrfach gezählt werden. Außerdem dürfen nur Fehler gezählt werden, bei denen es sich um nicht erfüllte Anforderungen handelt, d.h. keine Bedienungsfehler oder neue, zusätzliche Anforderungen. Eine Unschärfe dieses Verfahrens ist, dass Fehler nicht aufgrund der Schwere ihrer Auswirkungen unterschieden bzw. gewichtet werden. Der Vorteil ist ein verhältnismäßig einfach anzuwendendes Messverfahren.

Die Vergleichbarkeit der gemessenen Fehleranzahl zwischen verschiedenen Anwendungen erfordert die Festlegung eines Zeitrahmens oder einer Teststufe, beispielsweise den Zeitraum eines Kalendermonats für die Zählung von gemeldeten Produktionsfehlern. Außerdem sollte der unterschiedlichen Größe der miteinander zu vergleichenden Systeme Rechnung getragen werden. Wurden beispielsweise für zwei Systeme gleichen Alters in einem Monat die gleiche Anzahl Fehler gemeldet, spricht dies bei dem System mit dem größeren funktionalen Umfang für eine bessere Qualität. In der Praxis hat es sich daher bewährt, die Fehleranzahl mit dem funktionalen Umfang einer Anwendung zu gewichten (je nach verwendeter Methode beispielsweise in Data Interaction Points, Function Points oder Full Function Points), was im nachfolgenden Kontext als Fehlerdichte bezeichnet wird:

$$\text{Fehlerdichte} = \frac{\text{Fehleranzahl}}{\text{Umfang}}$$

Zyklische Messung, Auswertung und Optimierung

Das in diesem Buch vorgestellte Managementmodell basiert auf einer zyklischen Anwendung der Messmethoden, Analyse und Auswertung der Messergebnisse sowie daraus abgeleiteten Verbesserungsmaßnahmen. Dieses Vorgehen schafft Transparenz bezüglich Leistungsunterschieden, Stärken wie auch Defiziten einzelner Organisationseinheiten. Da eine solche Transparenz oft nicht im Interesse von Budget- und Entwicklungsverantwortlichen liegt ist es sinnvoll, die Messungen und ihre Auswertungen durch eine unabhängige Instanz außerhalb der Projekte oder Organisationseinheiten durchführen zu lassen, die gemessen werden: das Leistungs-/Qualitätscontrolling. In seiner Verantwortung sollten außerdem folgende Aufgaben liegen:

- **Schärfung der Messmethoden.**

  Die Regeln, nach denen bei einer Messung gezählt und gewichtet wird, sollten präzise festgelegt sein und begründet werden können. Dabei ist eine Orientierung an Industriestandards wie der Norm ISO/IEC 14143 ebenso von Bedeutung wie die Berücksichtigung von Eigenschaften der eigenen Systemlandschaft. So kann beispielsweise eine unterschiedliche Gewichtung der gezählten Maskenelemente zwischen zeichenorientierten Host-Masken und den Dialogen moderner Web-Anwendungen sinnvoll sein. Als Ziele sind eine Korrelation der Messergebnisse mit den zu messenden Eigenschaften einer Software, beispielsweise dem funktionalen Umfang und eine valide Messung ohne Schätzungen oder Interpretationsspielräume anzustreben.

- **Aufbau von Expertise zu den Messmethoden.**

  Die mit den Messungen und Auswertungen beauftragten Mitarbeiter müssen über ausreichend Expertise zu den eigenen Messmethoden und dem wissenschaftlichen Hintergrund verfügen, damit ihre Ergebnisse und die daraus gezogenen Schlussfolgerungen nicht in Zweifel gezogen werden können.

- **Aufklärung und Transparenz.**

  Akzeptanz kann nur erreicht werden, wenn die in der Softwareentwicklung tätigen Mitarbeiter den Nutzen regelmäßiger Messungen verstehen und die Messergebnisse nachvollziehen können. Dies erfordert nicht nur einen offenen Umgang mit dem Wissen der Messexperten. Messergebnisse müssen auch nachvollziehbar, Schlussfolgerungen rational begründbar und Berichte verständlich sein. Die zeitnahe Verfügbarkeit von Messexperten für Rückfragen sowie das Angebot von Weiterbildungsmaßnahmen für alle in der Softwareentwicklung tätigen Interessierten unterstützen die Erreichung dieser Ziele.

Ein wichtiger Punkt ist in diesem Zusammenhang auch Klarheit darüber, ob aus den durchgeführten Messungen Rückschlüsse auf die Leistungen einzelner Mitarbeiter möglich sind. Misst man – wie in diesem Buch beschrieben – Input und Output eines vollständigen Entwicklungsprozesses von der Business Analyse bis zur Übergabe in den Produktionsbetrieb, so ist das Ergebnis auch die Prozessleistung, d.h. die Leistung des gesamten, im Prozess tätig gewesenen Teams. Produktivitätsmessungen einzelner Mitarbeiter würden eine Bestimmung des persönlichen Outputs voraussetzen, beispielsweise die Summe der von einem Mitarbeiter implementierten Data Interaction oder Function Points. Dies dürfte jedoch bei kommerziellen Projekten unrealistisch sein, da diese ein hohes Maß an Teamarbeit erfordern und es kaum Komponenten geben wird, an die nur ein einziger Mitarbeiter alleine Hand angelegt hat.

II. Anwendung

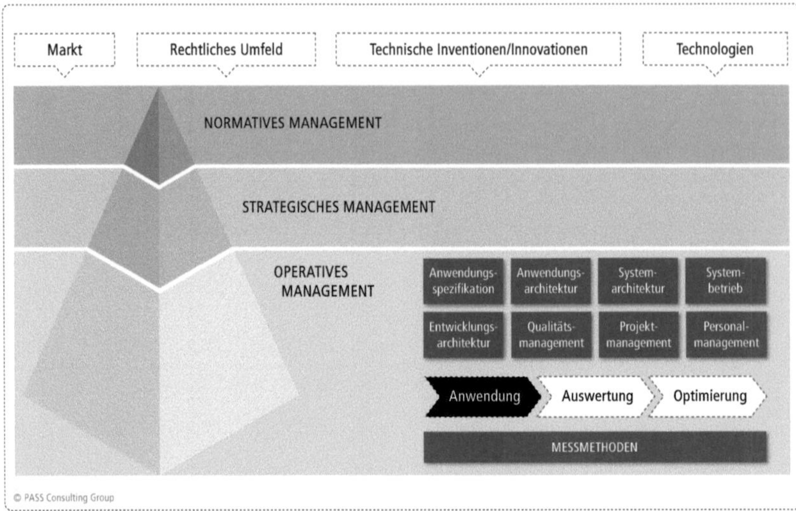

Abbildung 6: Anwendung der Messmethoden

In diesem Kapitel werden drei regelmäßige Anwendungen der zuvor dargestellten Messmethoden beschrieben:

- Für **abgeschlossene Entwicklungsprozesse** die nachträgliche Messung verschiedener Ausprägungen der Produktivität
- Für **produktiv genutzte Systeme** die periodische Erhebung der Qualitätskennzahlen
- Für **in der Planung befindliche Entwicklungsvorhaben** die Vorab-Bestimmung des Aufwands, bzw. die prozessbegleitende iterative Präzisierung dieser Aufwandsschätzung

Auslieferungs- und Neuentwicklungsproduktivität messen

Wie die Einleitung gezeigt hat liegt in der Standardisierung und Wiederverwendung das größte Potenzial zur Produktivitätssteigerung. Deutlich wird dies durch eine Gegenüberstellung von Auslieferungs- und Neuentwicklungsproduktivität.

- **Auslieferungsproduktivität:**

  Entsprechend der im vorhergehenden Kapitel beschriebenen Methode zur Messung der Produktivität dient der vollständige funktionale Umfang der ausgelieferten Anwendung, d.h. einschließlich aller wiederverwendeten Komponenten, als Output. Als Input wird der Personalaufwand bis zur Auslieferung ermittelt:

$$\text{Auslieferungsproduktivität} = \frac{\text{Auslieferungsumfang}}{\text{Aufwand}}$$

  Generell eignet sich die daraus resultierende Produktivität mehr für nach außen gerichtete Vergleiche, welchen Funktionsumfang eine Organisation mit welchem Arbeitseinsatz ausliefern kann.

- **Neuentwicklungsproduktivität:**

  Als Output dient nur der Umfang des – durch den Entwicklungsprozess neu entwickelten, individuellen – Funktionsumfangs, als Input ebenfalls der Personalaufwand bis zur Auslieferung:

$$\text{Neuentwicklungsproduktivität} = \frac{\text{Entwicklungsumfang}}{\text{Aufwand}}$$

> Die daraus resultierende Produktivität eignet sich mehr für nach innen gerichtete Vergleiche bezüglich der Leistungsfähigkeit aller Produktionsfaktoren, insbesondere auch als Erfahrungswert für künftige individuelle Neuentwicklungen.

Sind der funktionale Auslieferungs- und Entwicklungsumfang bekannt, kann der Wiederverwendungsgrad der Anwendung wie folgt bestimmt werden:

$$\text{Wiederverwendungsgrad} = \frac{\text{Auslieferungsumfang - Entwicklungsumfang}}{\text{Auslieferungsumfang}}$$

Abbildung 7 zeigt die Kennzahlen am Beispiel der Entwicklung eines kundenspezifischen Travel Management Systems. 90 % des ausgelieferten Funktionsumfangs konnten durch bestehende, wiederverwendete Komponenten realisiert werden. Lediglich 10 % mussten individuell mit einem Aufwand von 377 PT neu entwickelt werden. Mit den oben genannten Formeln ergibt sich somit eine Auslieferungsproduktivität von 80,7 DIP/PT und eine Neuentwicklungsproduktivität von 7,8 DIP/PT. Hätte man nichts wiederverwendet und den vollen Funktionsumfang von 30.442 DIP unter den gleichen Rahmenbedingungen neu entwickelt, wäre mit der gemessenen Neuentwicklungsproduktivität ein Aufwand von 3.913 PT angefallen (= 30.442 DIP / 7,8 DIP/PT). Durch die Wiederverwendung wurden 3.536 PT Aufwand eingespart.

Die Auslieferungsproduktivität kann sehr hohe Werte erreichen, wenn der Aufwand gegen Null geht (sie steigt aufgrund des Quotienten exponentiell mit der Aufwandsreduzierung an). Der Aufwand kann jedoch in der Praxis nicht Null werden, denn selbst bei einem Wiederverwendungsgrad von 100 % fällt noch Aufwand zur Konfiguration und für eine abschließende Qualitätssicherung an.

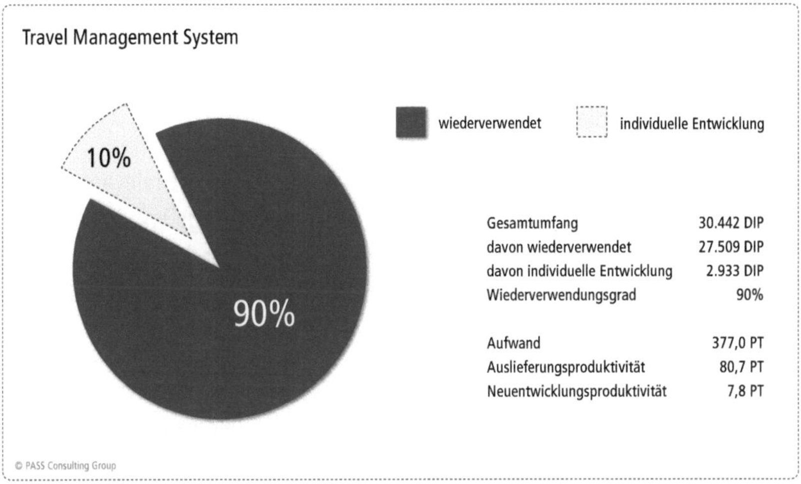

Abbildung 7: Kennzahlen einer Systementwicklung mit hohem Wiederverwendungsgrad (Praxisbeispiel)

Weiterentwicklungsproduktivität messen

Bei der Entwicklung eines neuen Systems ergibt sich der Umfang aus der Menge aller zu zählenden Objekte in der betrachteten Anwendung – je nach Art der zu messenden Produktivität, d.h. bei Auslieferungsproduktivität inklusive und bei Neuentwicklungsproduktivität exklusive wiederverwendeter Komponenten. Bei der Weiterentwicklung eines bereits bestehenden Systems, wenn es darum geht, die Produktivität der Entwicklung eines Folge-Release bzw. eines neuen Inkrements zu bestimmen, sind nicht nur neu hinzugekommene sondern auch bereits bestehende Zählobjekte[1] zu berücksichtigen, sofern sie Gegenstand der Entwicklungstätigkeit sind. Daher sollte bei der Zählung folgende Unterscheidung getroffen werden:

1 Je nach Messmethode handelt es sich bei Zählobjekten beispielsweise um Datenelemente (DIP Methode), Datenbewegungen (COSMIC-Methode), Elementarprozesse oder Datenstrukturen (Function Point-Analyse).

- Neue Zählobjekte
- Zählobjekte, an denen eine Änderung vorgenommen wurde
- Zählobjekte, die gelöscht wurden

Die Regeln, welche Art von Änderungen an einem Zählobjekt relevant für eine Umfangsmessung sind, sollten interpretationsfrei festgelegt werden. Je nach Messmethode können dies Änderungen der Objekteigenschaften sein, jedoch auch eine Verwendung der Objekte innerhalb neu zu implementierender Funktionen.

Abhängig von der verwendeten Methode stellt sich dabei die Frage der Punktwerte. Bei der Function Point-Analyse und der Data Interaction Point-Methode kann der Punktwert geänderter oder gelöschter Zählobjekte dem niedrigsten Wert in der jeweiligen Kategorie entsprechen. Bei FPA wäre dies 3 für externe Eingaben, 4 für externe Ausgaben usw., bei der DIP-Methode generell eine 1.

Wichtig ist, dass die Punktwerte für geänderte Zählobjekte nur in die Messung der Weiterentwicklungsproduktivität eingehen. Die Anwendung selbst ist durch Änderungen an Zählobjekten nicht in ihrem funktionalen Umfang gewachsen. Der Gesamtumfang der Anwendung nach einer Weiterentwicklung ergibt sich aus dem Umfang, den sie davor hatte, zuzüglich aller neu hinzugekommenen und abzüglich aller gelöschten Zählobjekte.

Der Messaufwand lässt sich in der Praxis oft durch automatisierte Zählungen reduzieren. Skripte können erstellt werden, die bei jedem Aufruf eine Bestandsaufnahme der Zählobjekte durchführen und so jeweils den Gesamtumfang der Anwendung ermitteln. Aus der Differenz zum Gesamtumfang vor Beginn der Entwicklung eines neuen Release oder einer neuen Iteration kann festgestellt werden, um welchen Betrag der Umfang angewachsen ist. Je nach Design der

Anwendung könnte ein Programm zur Umfangsmessung auch über eine Messung hinaus Buch führen über alle Zählobjekte und dadurch Änderungen und Löschungen identifizieren.

Neben dem Umfang der Weiterentwicklung geht in den Produktivitätswert auch der Aufwand ein. Hier wird empfohlen, neben dem Aufwand für Entwicklungstätigkeiten (Analyse, Konzeption, Implementierung, Test) auch den Aufwand für die Analyse und Korrektur von Fehlern einzubeziehen, die ebenfalls mit dem betrachteten Release oder Inkrement in den Produktionsbetrieb übergeben werden. Dies ist von Bedeutung, um Auswirkungen der Qualität auf die Produktivität erkennen zu können, wie sie im Kapitel „Auswertung" beschrieben werden.

Qualitätskennzahlen erheben

In Kapitel „Qualität messen" wurde die Fehlerdichte als KPI für die Qualität eines Systems (im Sinne seiner Erfüllung impliziter und expliziter Anforderungen) beschrieben. Die Erhebung dieser Kennzahl erfordert somit eine Messung der Fehleranzahl und des Systemumfangs im betrachteten Zeitraum.

Vereinfacht wird die Ermittlung der Fehleranzahl durch ein Ticketing System, in dem Meldungen über Produktionsfehler eingehen und auch klassifiziert werden können. Da es bei einer Qualitätskennzahl, wie sie im Zusammenhang mit dem beschriebenen Managementmodell benötigt wird, nicht um Reaktions- oder Bearbeitungszeiten geht, sondern eher um Korrelationen mit neuen Releases oder ursächlichen Veränderungen der Rahmenbedingungen, sollten die Fehlermeldungen nach einem Eingangsdatum im betrachteten Zeitraum gefiltert werden. Zu zählen sind alle Fehler, deren Ursache eine Abweichung des betrachteten Systems von seinen Anforderungen oder deren Nicht-Erfüllung darstellt. Nicht zu zählen sind daher Anwenderfehler, neue Anforderungen, Anfragen, die Beauftragung von

Dienstleistungen oder auch Fehler, deren Ursache außerhalb der Systemgrenzen liegt (z.B.: Betriebs-Infrastruktur, externe Systeme). Mehrfache Meldungen des gleichen Fehlers sind generell nur einfach zu zählen.

Die genaue Ursache eines Fehlers ist meist noch nicht unmittelbar nach Eingang einer Fehlermeldung bekannt, sondern wird erst später im Rahmen einer Fehlerursachenanalyse festgestellt. Daher ist die initial für einen Zeitraum erhobene Fehleranzahl zunächst als eine Näherung zu betrachten, deren Genauigkeit sukzessive verbessert werden muss. Ein Verfahren zur Fehlerursachenanalyse wird im Kapitel „Auswertung" beschrieben.

Der zweite, zur Erhebung einer Qualitätskennzahl benötigte, Messwert ist der Systemumfang. Dieser ist aus den zuvor beschriebenen Produktivitätsmessungen bekannt. Beachtet werden sollte dabei, dass der Umfang durch Weiterentwicklungen meist wächst und dieser Wert daher um den Umfang korrigiert werden muss, der den neu hinzugefügten oder gelöschten Zählobjekten entspricht (siehe das vorherige Kapitel zur Messung der Weiterentwicklungsproduktivität).

Berechnung des Aufwands geplanter Entwicklungsvorhaben

Eine wichtige Anwendung gemessener Produktivitätskennzahlen ist die Berechnung des Aufwands geplanter Neu- oder Weiterentwicklungen. Aus der Formel zur Berechnung der Produktivität ergibt sich durch Umstellen:

$$\text{Aufwand} = \frac{\text{Umfang}}{\text{Produktivität}}$$

Diese Formel bildet die Grundlage der folgenden fünf Schritte zur Aufwandsberechnung.

Schritt 1: Umfang der funktionalen Anforderungen ermitteln

Eine methodische, auf Messungen basierende Aufwandsermittlung erfordert möglichst detaillierte Informationen über die zu entwickelnde Software. Die Anwendung einer funktionsorientierten Umfangsmetrik wie der Function Point-Analyse, der COSMIC-Methode oder der Data Interaction Point-Methode setzt Kenntnisse über die funktionalen Anforderungen voraus. Im Idealfall sind dies Anwendungsfälle und fachliche Datenobjekte.

Bei der Neuentwicklung eines Systems sind mit Hilfe der eingesetzten Umfangsmetrik nur jene Objekte zu zählen, die im Rahmen des Entwicklungsprozesses neu implementiert werden müssen, nicht jedoch Elemente aus wiederverwendeten Komponenten. Bei der Weiterentwicklung eines bestehenden Systems gehen in den Entwicklungsumfang auch bereits existierende Objekte ein, wenn diese Gegenstand einer Änderung sind oder gelöscht werden (siehe das Kapitel „Weiterentwicklungsproduktivität messen").

Sind die funktionalen Anforderungen noch nicht ausreichend präzisiert, sollte die Genauigkeit der Umfangsermittlung abgeschätzt werden: Um wie viel Prozent kann der tatsächliche Umfang nach oben oder nach unten im ungünstigsten Fall abweichen? Sind dies beispielsweise 25 % nach oben und 25 % nach unten, so wird auch der daraus errechnete Entwicklungsaufwand um bis zu 25 % nach oben oder nach unten abweichen – zuzüglich der Ungenauigkeit, die aus einer Abweichung der tatsächlichen Produktivität vom angenommenen Erfahrungswert resultiert.

Schritt 2: Erfahrungswert für die Produktivität finden

Eine auf Messungen basierende Aufwandsermittlung erfordert eine genaue Kenntnis der eigenen Produktivität, die nur durch regelmäßige Produktivitätsmessungen möglich ist. Je länger eine Organisation Messungen durchführt und je mehr Erfahrungswerte sie gesammelt hat, umso genauer und verlässlicher werden die davon abgeleiteten, zur Planung genutzten Aufwandswerte sein.

Bei der Neuentwicklung eines Systems sollte man sich an allen Faktoren orientieren, die Einfluss auf die Produktivität haben und einen Erfahrungswert auswählen, bei dem die folgenden Aspekte der Referenzprojekte möglichst ähnlich den zu erwartenden Rahmenbedingungen des geplanten Vorhabens sind:

- Komplexität der fachlichen und technischen Themen, d.h. des Aufwands, der zum Verstehen der Themen notwendig ist
- Wissen und Erfahrung der Mitarbeiter hinsichtlich der relevanten fachlichen und technischen Themen
- Motivation, Leistungsbereitschaft und Fähigkeit zur Zusammenarbeit des Teams
- Das Modell der Zusammenarbeit zwischen den verschiedenen beteiligten Parteien, besonders bezüglich der Termintreue und Qualität von Zulieferungen und Entscheidungen
- Entwicklungsparadigma, Werkzeuge und Architekturen
- Automationsgrad bei Entwicklungstätigkeiten (beispielsweise durch modellgetriebene Softwareentwicklung und Code-Generierung), der analytischen Qualitätssicherung (beispielsweise durch Testautomation) und Build/ Deploy-Prozessen

- Vorgaben bezüglich Prozessen, Methoden und Richtlinien (beispielsweise hinsichtlich des Umfangs der zu erstellenden Dokumentationen oder administrativen Tätigkeiten)

Handelt es sich um die Weiterentwicklung eines bereits bestehenden Systems, für das regelmäßig Messungen der Produktivität durchgeführt werden, ist der Erfahrungswert einfacher zu finden. Wurden an den o.g. Aspekten keine Veränderungen vorgenommen, ist der für das letzte größere Release bzw. Inkrement des weiterzuentwickelnden Systems gemessene Wert die beste Wahl.

Schritt 3: Ergebnis interpretieren

Setzt man den in Schritt 1 ermittelten Umfang der funktionalen Anforderungen und den in Schritt 2 identifizierten Erfahrungswert für die zu erwartende Produktivität in die zu Beginn dieses Kapitels dargestellte Formel ein, erhält man als Ergebnis einen Aufwandswert - beispielsweise in Personentagen. Dies ist der Aufwand zur Durchführung der gleichen Tätigkeiten, die auch in die Messung des Referenzprojekts eingegangen sind. Wurde dort der gesamte Entwicklungsprozess von der Analyse bis zur Übergabe in den Produktionsbetrieb betrachtet, so entspricht das Ergebnis dem Aufwand für die gleichen Prozessschritte.

Schritt 4: Zusätzlichen Aufwand identifizieren

Bei der Verwendung einer funktionsorientierten Metrik zur Umfangsmessung (Schritt 1) werden nicht-funktionale Anforderungen außer Acht gelassen. Haben Entwicklungsprojekte die Umsetzung funktionaler Anforderungen auf Basis einer bestehenden Systemarchitektur zum Ziel, ist diese so zu konfigurieren und zu skalieren, dass die nicht-funktionalen Anforderungen dadurch erfüllt werden. Somit entsteht kein Entwicklungsaufwand für die Umsetzung nicht-funktionaler Anforderungen, eventuell jedoch Qualitätssicherungsaufwand zur Verifizierung, dass die verwendete Systemarchitektur die Anforderungen erfüllt. Sofern der in Schritt 2 gewählte Erfahrungswert für die eigene Produktivität in einem Entwicklungsprozess gemessen wurde, der QS-Maßnahmen enthält, entfällt eine zusätzliche Berücksichtigung.

Unter Umständen können prozessuale und organisatorische Anforderungen zusätzlichen Aufwand verursachen und sollten bewertet werden, wenn sie über den Umfang der Referenzprojekte hinausgehen und eine gegenüber dem reinen Entwicklungsaufwand nicht vernachlässigbare Größenordnung erreichen. Einige Beispiele sind:

- Hoher Abstimmungsaufwand mit externen Partnern
- Hoher Aufwand für Projektmanagement oder Controlling
- Zusätzliche Dokumentationen
- Reisezeit

Hinzu kommen gegebenenfalls noch der Aufwand zum Know-how-Aufbau beim Team bzw. bei den späteren Anwendern oder Administratoren, soweit auch dies über den Umfang des Referenzprojektes hinausgeht.

Schritt 5: Risiken erkennen und mindern

Errechnet man den Entwicklungsaufwand wie zuvor beschrieben, sollte man auch die Genaugkeit der Berechnung und somit die Verlässlichkeit daraus abgeleiteter Terminzusagen oder Angebotspreise kennen. Bereits bei der Ermittlung des funktionalen Umfangs in Schritt 1 muss klar sein, wie weit der wirkliche Umfangswert aufgrund von Unschärfen oder Lücken der zur Verfügung stehenden Informationen nach oben und unten abweichen kann. Hinzu kommt eine Ungenauigkeit, die sich aus der Annahme ergibt, das geplante Entwicklungsprojekt habe die gleiche Produktivität wie das in Schritt 2 ausgewählte Referenzprojekt. Die resultierende Ungenauigkeit sollte auf jeden Fall als Risiko für die daraus abgeleiteten Termine und Kosten bzw. Budgets angesehen werden. Wird dieses Risiko als hoch eingeschätzt, ist eine wirksame Maßnahme zur Risikominderung die Gegenüberstellung von Aufwandsschätzungen nach anderen Methoden, beispielsweise eine Expertenschätzung oder eine Schätzung nach der Delphi-Methode.

Führt eine Organisation bereits seit längerer Zeit Produktivitätsmessungen durch, ist die Ungenauigkeit durch falsche Annahmen der Entwicklungsproduktivität (in Schritt 2) eher gering gegenüber der Ungenauigkeit, die aus den Unschärfen oder Lücken der bekannten funktionalen Anforderungen resultiert (in Schritt 1). Diese Unsicherheit reduziert sich jedoch, sobald die Anforderungsanalyse abgeschlossen ist und alle Anforderungen auf Vollständigkeit und Konsistenz überprüft wurden. Wird zu diesem Zeitpunkt der funktionale Umfang neu ermittelt, kann auch der Wert für den zu erwartenden Entwicklungsaufwand präzisiert werden. Gleiches gilt für den Zeitpunkt, wenn alle Konzepte abgeschlossen und qualitätsgesichert wurden. Bei entsprechender Sorgfalt der Konzeption wird der auf dieser Basis gemessene funktionale Umfang die Genauigkeit der Aufwandsvorhersage erneut verbessern.

III. Auswertung

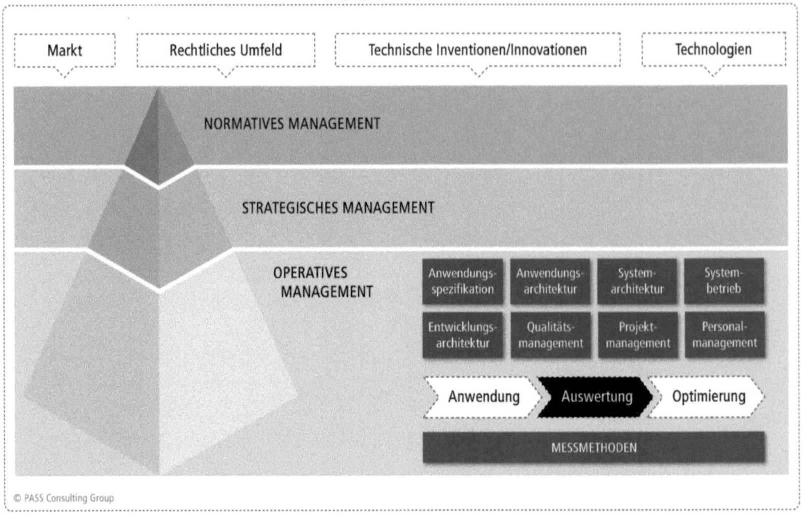

Abbildung 8: Auswertung der Kennzahlen und Ursachenanalyse

Dieses Kapitel beschreibt die Auswertung der im vorhergehenden Schritt erhobenen Kennzahlen und eine Analyse der Ursachen – als Voraussetzung für eine zielgerichtete Verbesserung.

Entwicklung der Produktivität im Zeitverlauf

Ein erster Schritt zur Auswertung der zuvor beschriebenen Kennzahlen ist die Analyse ihrer Veränderungen im zeitlichen Verlauf. Anhaltende Verschlechterungen sind meist ein Indikator für verborgene Chancen, um nach einer Analyse Verbesserungsmaßnahmen zu finden und in der Zukunft Zeit und Kosten sparen sowie die Qualität verbessern zu können. Der Verlauf der KPIs nach Durchführung einer Verbesserungsmaßnahme ist wiederum ein Indikator für deren Effektivität und Nachhaltigkeit.

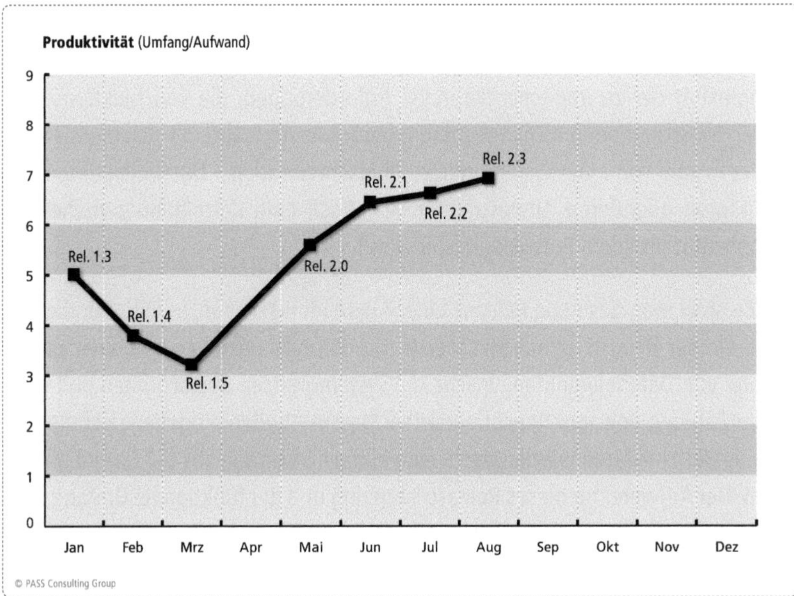

Abbildung 9: Entwicklung der Produktivität über mehrere Monate (Beispiel)

Abbildung 9 zeigt die grafische Darstellung der Entwicklungsproduktivität, die nach jedem fertiggestellten und in Produktion gesetzten Release eines beispielhaft betrachteten Systems gemessen wurde. Das Diagramm zeigt deutlich, dass seit Jahresbeginn die Produktivität zunächst immer geringer wird. In den Monaten April und Mai wurde längere Zeit an einem neuen Major Release gearbeitet, das im Mai als Release 2.0 in Produktion gesetzt wurde und in dem Verbesserungsmaßnahmen nachhaltig wirksam wurden.

Bei Messungen der Weiterentwicklungsproduktivität unterschiedlich großer Releases derselben Anwendung stellt man in der Praxis oft fest, dass die Messgenauigkeit scheinbar proportional zum Entwicklungsumfang ist: Je geringer der

Entwicklungsumfang, umso zweifelhafter erscheint die Genauigkeit einer einzelnen Messung. Die Ursache dafür ist die in der Praxis oft sehr unterschiedliche Komplexität der zu implementierenden Anforderungen, die von funktionsorientierten Messmethoden nicht vollständig berücksichtigt wird, da sich diese stärker an der Anzahl von – die Systemgrenzen überschreitenden – Datenelementen oder -strukturen orientieren. Unbestreitbar ist jedoch eine Korrelation zwischen der Komplexität und dem Entwicklungsaufwand.

Als Beispiel mag das neue Release einer Anwendung dienen, in dem nur die Ausgabe einiger Reports umgesetzt wurde. Die Reports bestehen aus einer großen Menge von Datenelementen, welche die Systemgrenzen überschreiten und somit in die Zählung von funktionsorientierten Messmethoden eingehen. Nehmen wir an, alle Berichtsdaten werden durch eine einfache Abfrage aus der Datenbank gelesen. Der Aufwand für dieses Release ist gering und der funktionale Umfang groß, wodurch eine hohe Produktivität errechnet wird. Als zweites Beispiel mag nun die Implementierung eines komplexen Algorithmus mit Ausgabe des Ergebnisses in einem einzigen Dialogfeld dienen. Funktionsorientierte Umfangsmetriken ergeben hier einen geringen Entwicklungsumfang, da für den Anwender nur ein Wert sichtbar ist. Der Aufwand zur Implementierung ist jedoch hoch. Rechnerisch ergibt dies eine geringe Produktivität.

Bei einem geringen Entwicklungsumfang besteht das Risiko, dass die wenigen Anforderungen nahezu vollständig eine gegenüber dem Durchschnitt entweder zu niedrige oder zu hohe Komplexität haben und so auch die für dieses Release gemessene Produktivität einseitig beeinflusst ist. Bei einem größeren Entwicklungsumfang nivellieren sich diese Unterschiede meist. In der Praxis hat es sich daher bewährt, die Weiterentwicklungsproduktivität eines Systems durch Zusammenfassung von Umfang und Aufwand aller Releases der letzten n Monate zu berechnen:

$$\bar{P} = \frac{\Sigma \text{ Umfang}}{\Sigma \text{ Aufwand}}$$

Verbesserungen oder Verschlechterungen der Produktivität sind erkennbar, wenn sie nachhaltig genug sind und sich in Relation zum Gesamtumfang auch entsprechend auswirken. Tabelle 2 zeigt dies beispielhaft anhand des Zeitverlaufs, der in Abbildung 9 grafisch dargestellt ist. Aufgeführt sind der Entwicklungsumfang U_n und der Aufwand A_n für jedes einzelne Release.

		U_n (DIP)	A_n (PT)	$\bar{P}$ (DIP/PT)
Rel 1.0	Okt	125	23	
Rel 1.1	Nov	23	2	
Rel 1.2	Dez	540	123	
Rel 1.3	Jan	125	15	5,0
Rel 1.4	Feb	410	149	3,8
Rel 1.5	Mrz	90	77	3,2
Rel 2.0	Mai	1.210	79	5,6
Rel 2.1	Jun	435	115	6,4
Rel 2.2	Jul	140	75	6,6
Rel 2.3	Aug	995	132	6,9

Tabelle 2: Weiterentwicklungsproduktivität durch Zusammenfassung eines Zeitraums von 4 Monaten (Beispiel)

Die je Monat errechnete durchschnittliche Produktivität $\bar{P}$ ergibt sich aus der Summe von Umfang und Aufwand aller Releases aus den letzten 4 Monaten. Für Release 1.3 errechnet sich die Produktivität somit wie folgt:

$$\bar{P} = \frac{125 + 23 + 540 + 125}{23 + 2 + 123 + 15} = 5$$

Dieser Verlauf erweist sich als robust gegenüber „Ausreißern" wie Release 1.1, das bei einer Einzelbetrachtung eine Produktivität von 11,5 hätte (ergibt sich aus Umfang 23 DIP dividiert durch Aufwand 2 PT), oder Release 2.2 mit einer isoliert gemessenen Produktivität von 1,9 (ergibt sich aus Umfang 140 DIP dividiert durch Aufwand 75 PT). Erst durch die Zusammenfassung mehrerer Einzelmessungen wird die Nachhaltigkeit der Verbesserung deutlich, die sich ab Release 2.0 eingestellt hat. Durch eine Betrachtung der einzelnen Messungen ist dies nicht erkennbar.

Der in diesem Beispiel gewählte Zeitraum von 4 Monaten für die Zusammenfassung der Weiterentwicklungen reicht aus, um den beschriebenen Effekt der Nivellierung von Unschärfen bei geringem Entwicklungsumfang verdeutlichen zu können. Je nach Releasezyklen kann die Zusammenfassung größerer Zeiträume wie dem eines vollständigen Jahres (n = 12) sinnvoll sein.

Interne Benchmarks

Neben der Aussagekraft des Produktivitätsverlaufs bei einem einzelnen System kann auch die Gegenüberstellung verschiedener Systeme oder Organisationseinheiten von Nutzen sein, wie sie in Abbildung 10 beispielhaft dargestellt ist.

Grundlage für die Vergleichbarkeit der Messwerte verschiedener Systeme ist, dass sie unabhängig von technologischen Aspekten sind und sich nur an den Anwendungsfällen orientieren. Dies ist bei Verwendung funktionsorientierter Umfangsmetriken wie der Function Point-Analyse, der COSMIC-Methode oder der Data Interaction Point-Methode grundsätzlich gegeben. Von Vorteil ist die Gegenüber-

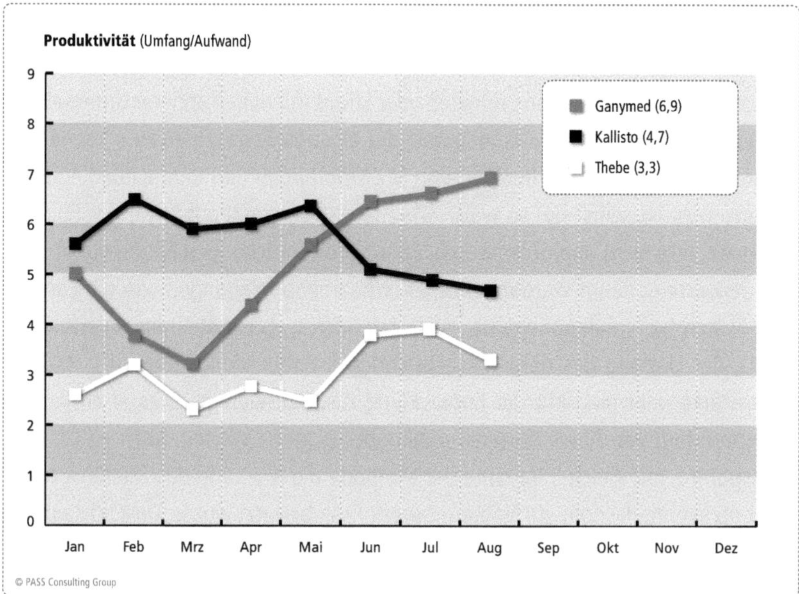

Abbildung 10: Interner Produktivitätsbenchmark (Beispiel)

stellung mehrerer Systeme oder IT-Shops der selben Organisation, was man auch als internen Benchmark bezeichnet, um zu erkennen, welches die produktivsten Teams bzw. Organisationseinheiten, die „Best in Class", sind, von denen andere lernen können. Dies erfordert eine Analyse der Erfolgsfaktoren und eine Prüfung, ob bzw. wie diese auf andere Shops übertragbar sind. Versteht es eine Organisation, durch Transparenz und einen offenen Umgang mit validen Messungen ohne Schuldzuweisungen und Bestrafungen einen sportlichen Wettbewerb der Verbesserung zu fördern, ist das Ergebnis neben Kostenreduktionen auch eine durch den Markt wahrnehmbare bessere Planungssicherheit und Verlässlichkeit von Terminaussagen.

Externe Benchmarks

Im Gegensatz zu internen Benchmarks helfen externe Benchmarks, bei denen Messwerte aus den eigenen Projekten oder Shops mit denen anderer Unternehmen verglichen werden, die Marktadäquanz der eigenen Kennzahlen zu erkennen. Sie setzen jedoch die Vergleichbarkeit von Messmethoden und Rahmenbedingungen voraus. Dies ist selbst bei so weit verbreiteten Messmethoden wie der Function Point-Analyse nicht unproblematisch, da in Veröffentlichungen häufig nur Produktivitätswerte genannt werden, ohne dass Rahmenbedingungen wie die Laufzeit, der Systemtyp (dialogorientiert, Web oder Host, Echtzeit-/Transaktionssystem usw.), der Umfang des dabei berücksichtigten Entwicklungsprozesses, Branche, Teamstärke oder das Jahr der Entwicklung deutlich werden. Dies erschwert die Interpretation von Abweichungen gegenüber eigenen Werten. Auch ist oft nicht transparent, mit welcher Variante der Methode die Messung durchgeführt wurde oder ob eventuell sogar ein Näherungsverfahren benutzt wurde. Dies schränkt die Verwendbarkeit von Kennzahlen für externe Benchmarks erheblich ein.

Bezugswerte

Die Interpretation von Kennzahlen erfordert eine Orientierungshilfe in Form eines Bezugswerts. Dadurch kann einerseits ein vorgegebener Zielwert dargestellt und der Abstand der verschiedenen, in einem Benchmark betrachteten, Systeme von diesem Zielwert bzw. in einem zeitlichen Verlauf ihre Annährerung oder Entfernung davon transparent gemacht werden. Andererseits kann er auch dem Durchschnitt der Organisation entsprechen und somit deutlich machen, wie viel besser oder schlechter die im Benchmark betrachteten Systeme gegenüber dem Durchschnitt sind und in welche Richtung sich der Durchschnittswert im zeitlichen Verlauf entwickelt.

Wird ein Bezugswert als deklarative Zielvorgabe durch das Management festgelegt, sollte man sich bei der Wahl des Zielwerts einerseits daran orientieren, welche Produktivität für die eigene Wettbewerbsfähigkeit erreicht werden muss. Andererseits sollte der Zielwert für alle Systeme realistisch bis zu einem vereinbarten Termin erreichbar sein und auch von den besten Systemen noch eine Verbesserung fordern.

Entscheidet man sich für die dynamische Variante des Bezugswerts, so empfiehlt es sich, ihn durch den Mittelwert aller Produktivitätsmessungen P_k aller betrachteten Systeme aus den letzten n Monaten zu errechnen:

$$\bar{P} = \frac{\sum_{k=1}^{n} P_k}{n}$$

Abbildung 11 zeigt das Beispiel eines Benchmarks von drei Systemen auf dem Stand von August des jeweiligen Jahres, bei denen der Bezugswert aus dem Mittelwert aller Messungen von Januar bis August errechnet wird:

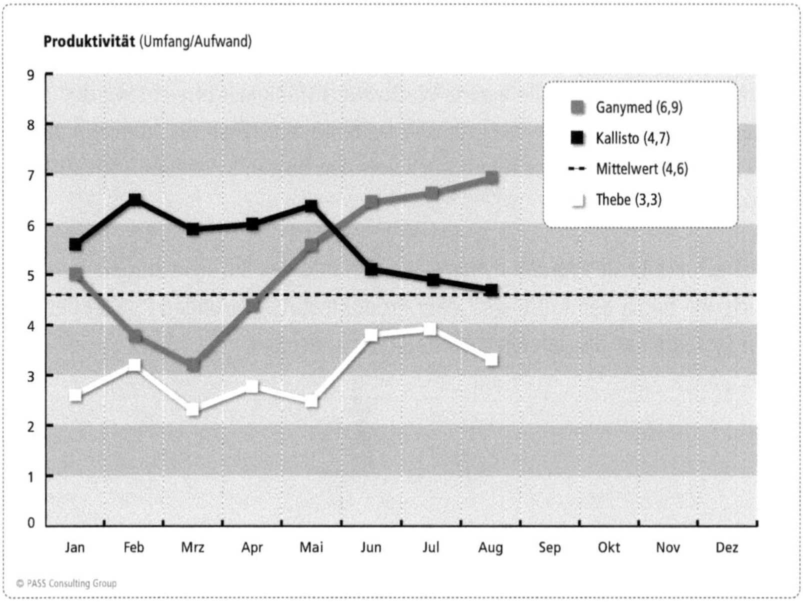

Abbildung 11: Arithmetisches Mittel aller Messungen eines Zeitraums als Bezugswert (Beispiel)

Die Legende zeigt die im August gemessene Produktivität und ordnet die Systeme danach an, ob sie in diesem Monat besser oder schlechter als der Durchschnitt sind. Durch diese Darstellung liefert das Diagramm auf einen Blick drei wichtige Informationen:

- **Aktuelle Produktivitätswerte**, die für eine Ermittlung des Entwicklungsaufwands künftiger Releases dieser Systeme von Bedeutung sind.
- **Trends der Produktivitätsentwicklung**. Fällt die Produktivität eines Systems über mehrere Monate hinweg, lohnt sich eine Ursachenanalyse, um geeignete Steuerungsmaßnahmen zur Umkehr dieses Trends zu finden.

Steigt die Produktivität eines Systems deutlich an, lohnt mitunter ebenfalls eine Ursachenanalyse, um die Übertragbarkeit der Ursachen auf andere Systeme zu prüfen.

- **Systeme, deren Produktivität niedriger als der Durchschnitt ist**. Diese sind als „Worst in Class" aufgefordert, aktiv zu werden und wirksame Maßnahmen zur Verbesserung durchzuführen.

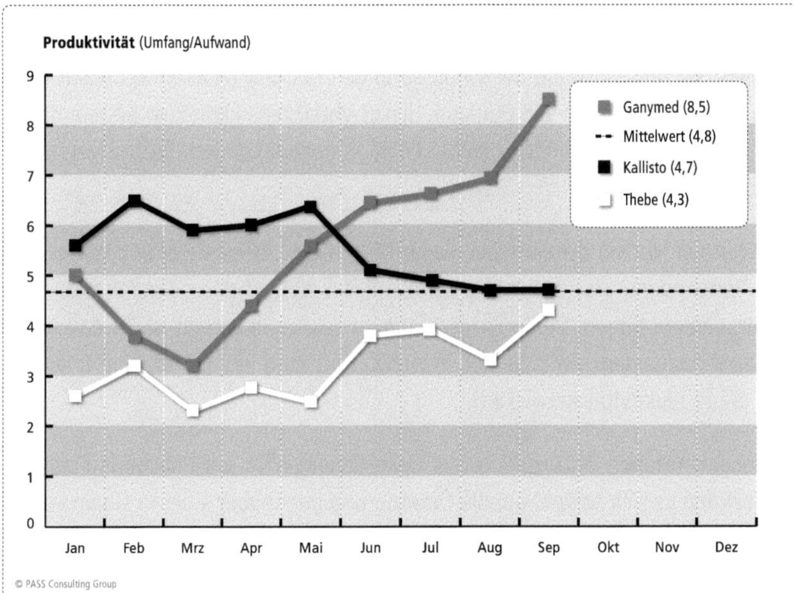

Abbildung 12: Arithmetisches Mittel aller Messungen eines Zeitraums als Bezugswert (Beispiel)

Gelingt es einzelnen Systemen, ihre Kennzahlen zu verbessern, führt dies auch zu einer Veränderung des Mittelwerts, d.h. die Messlatte verschiebt sich automatisch nach oben. Dies wird durch eine Gegenüberstellung der in Abbildung 11 und Abbildung 12 dargestellten beispielhaften Messwerte deutlich. Abbildung 11 zeigt den Stand der Messungen im August. Der Mittelwert liegt bei 4,6 und die Systeme Ganymed und Kallisto haben in diesem Monat eine höhere Produktivität. Abbildung 12 zeigt den Stand der Messungen im September. Durch eine Verbesserung der Produktivität bei den Systemen Ganymed und Thebe erhöht sich der Mittelwert auf 4,8. Obwohl die Produktivität von System Kallisto gleich geblieben ist, liegt sie nun aufgrund der Verbesserungen bei den anderen Systemen unter dem Bezugswert. Durch die Dynamik dieses Verfahrens kann kein System darauf vertrauen, dass eine einmal erreichte Position gegenüber dem Bezugswert erhalten bleibt.

Ein weiterer Nutzen dynamischer, durch Mittelwerte errechneter Bezugswerte ist ihre Verwendung als verdichtete Kennzahl der betrachteten Organisation oder Unternehmenseinheit. Deren Entwicklung im zeitlichen Verlauf ist für das strategische Management ein Indikator, in welche Richtung und mit welcher Intensität sich die Produktivität entwickelt.

Insgesamt erfüllen Bezugswerte als Orientierungshilfe eine wichtige Funktion. Dabei kann es sich sowohl um die Orientierung gegenüber einer in einem vereinbarten Zeitraum festgelegten Zielvorgabe handeln, die beispielsweise notwendig ist, um die eigene Wettbewerbsfähigkeit herzustellen, als auch um eine Orientierung, wie sich der Durchschnitt der Organisation - ohne feste Zielvorgabe und nur durch einen internen Wettbewerb motiviert - entwickelt.

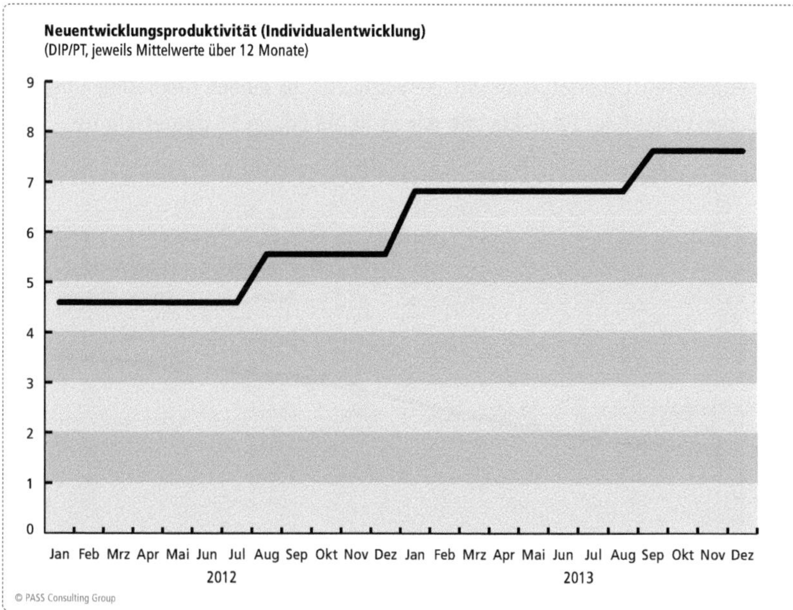

Abbildung 13: Verlauf der durchschnittlichen Neuentwicklungsproduktivität in der PASS Consulting Group

Gegenüberstellung von Qualität und Produktivität

Die Weiterentwicklungsproduktivität eines Systems wird stark von seiner Qualität beeinflusst. Auf dem Weg zu wirksamen Verbesserungsmaßnahmen ist daher neben der Auswertung des Zeitverlaufs und Benchmarks der Produktivitätskennzahlen unbedingt eine Gegenüberstellung der Qualitätsmessungen vorzunehmen. Eine wichtige Voraussetzung für die Aussagekraft dieser Gegenüberstellung ist, dass der für die Berechnung der Weiterentwicklungsproduktivität ermittelte Aufwand auch Zeiten für Fehleranalysen und -korrekturen enthält (wie in Kapitel „Weiterentwicklungsproduktivität messen" beschrieben).

Eine praktische Möglichkeit zur Gegenüberstellung von Produktivität und Qualität ist die Ergänzung der im vorhergehenden Kapitel beschriebenen und kontinuierlich erhobenen Qualitätskennzahl (Fehlerdichte) in einem Diagramm über den zeitlichen Verlauf der Produktivität, wie es in Abbildung 14 dargestellt ist.

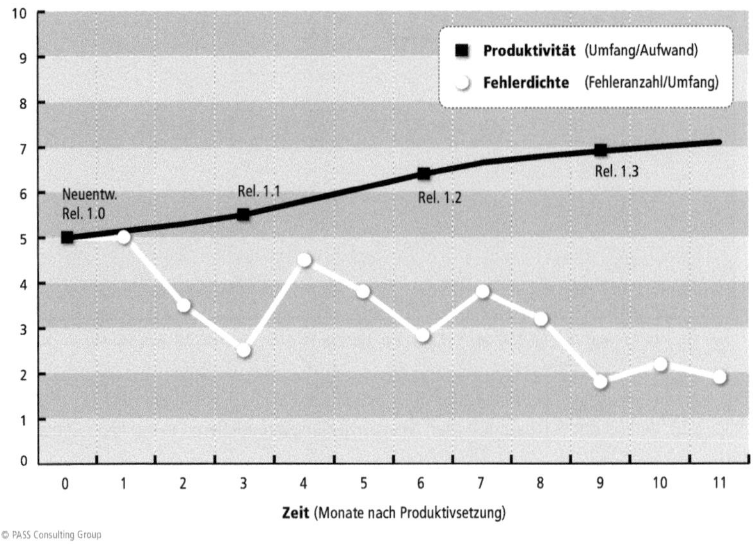

Abbildung 14: Normalfall des zeitlichen Verlaufs von Fehlerdichte und Produktivität (Beispiel)

Der in der Praxis verbreitete Normal- bzw. Idealfall, wie ihn Abbildung 14 zeigt, zeichnet sich dabei durch folgende Eigenschaften aus:

- Die Fehlerdichte nimmt über einen größeren Zeitraum betrachtet ab. Erfahrungsgemäß steigt sie nach jeder Produktivsetzung eines neuen Release zunächst etwas an, da neue Releases häufig noch unentdeckte Fehler enthalten, nimmt in Folge jedoch wieder ab.

- Die Produktivität entspricht bei Release (bzw. Inkrement) 1.1 etwa der Neuentwicklungsproduktivität von Release 1.0 und verbessert sich kontinuierlich, da immer weniger Fehler zu korrigieren sind und die Verbesserung der Qualität einen positiven Einfluss auf die Wartbarkeit hat.

Dieser Verlauf ist charakteristisch für ein System, das nach seiner Neuentwicklung mit guter Qualität in den Produktionsbetrieb übergeben wird.

Eine andere Darstellung für den zeitlichen Verlauf der Kennzahlen erhält man, wenn man die Werte in ein X/Y-Diagramm einträgt, dessen Achsen für die Produktivität und Fehlerdichte so skaliert sind, dass die "besseren" Werte in Richtung der linken unteren Ecke des Diagramms verlaufen.

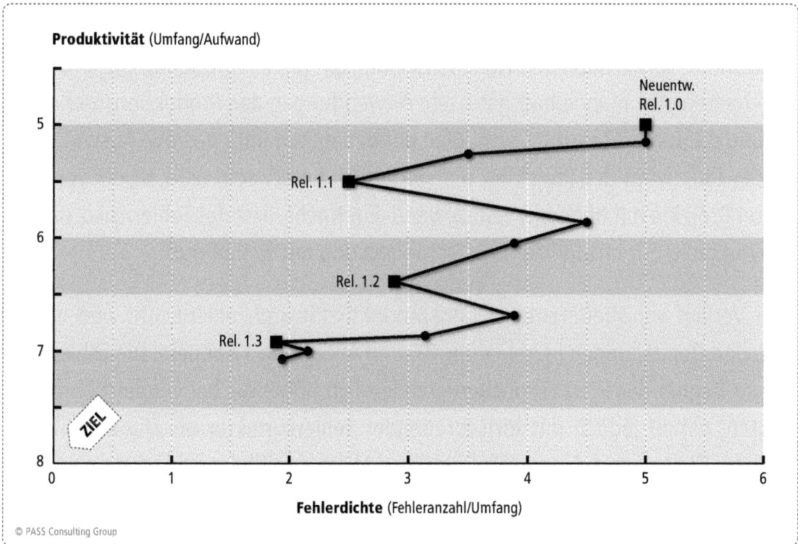

Abbildung 15: Normalfall des zeitlichen Verlaufs von Fehlerdichte und Produktivität in einem X/Y-Diagramm (Beispiel)

Diese zweidimensionale Darstellung verhilft zu einer besseren visuellen Orientierung, ob sich die Weiterentwicklung des Systems in Richtung des Zielbereichs (Ursprungs) bewegt. Abbildung 15 zeigt den zuvor dargestellten Normal- bzw. Idealfall in dieser Darstellung und lässt deutlich erkennen, dass hier über einen längeren Zeitraum betrachtet, d.h. auf dem Weg von Release 1.0 über Release 1.1, 1.2 bis Release 1.3, die Zielrichtung stimmt.

Manchmal sind in der Praxis auch die nachfolgend beschriebenen Verlaufsmuster anzutreffen, die zuverlässige Hinweise auf eine Vernachlässigung der analytischen Qualitätssicherung oder auf technische Schulden sind.

Anomalie 1: Die Auswirkungen vernachlässigter analytischer Qualitätssicherung

Manchmal vernachlässigen Neuentwicklungsprojekte die Qualitätssicherung und übergeben eine mangelhaft getestete Anwendung in den Produktionsbetrieb. Der Grund dafür mag Zeitdruck sein. Eine auf den ersten Blick positive Auswirkung ist die Produktivität des Projektes, die vermutlich besser sein wird als die vergleichbarer Projekte mit höherem Testaufwand. Ein Nachteil ist das Fehlerrisiko, das eine Anwendung mit unzureichender Testabdeckung mit sich bringt.

Der Verlauf von Weiterentwicklungsproduktivität und Fehlerdichte wird vermutlich den Darstellungen in Abbildung 16 und Abbildung 17 ähneln. Die Fehlerdichte ist zu Beginn des Produktionsbetriebs deutlich höher als bei vergleichbaren Projekten, nimmt jedoch mit fortschreitender Fehlerkorrektur ab. Die Produktivität bei der Weiterentwicklung (ab Release 1.1) ist signifikant schlechter als bei der Neuentwicklung (Release 1.0), da sich hier der Korrekturaufwand produktivitätsmindernd auswirkt. Nachdem die Folgen der verschleppten Qualitätssicherung weitgehend aufgeholt sind, stimmt die Zielrichtung wieder, d.h. die Produktivität nimmt zu und die Fehlerdichte nimmt ab.

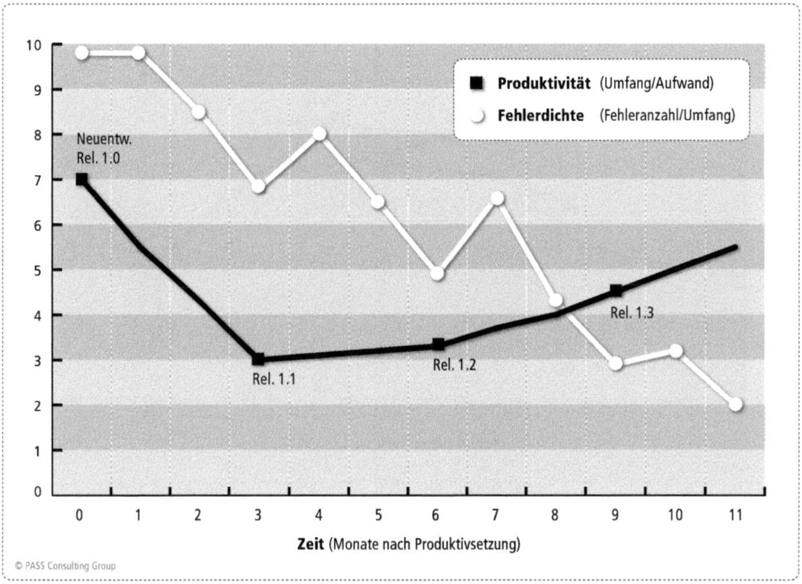

Abbildung 16: Zeitlicher Verlauf von Fehlerdichte und Produktivität bei vernachlässigter Qualitätssicherung (Beispiel)

Als frühzeitiger Indikator einer solchen Anomalie kann eine im Rahmen der Neuentwicklung durchgeführte Messung der Testabdeckung dienen. Dafür gibt es Werkzeuge wie beispielsweise Cobertura [Cobertura 2015] oder JaCoCo [Mountainminds 2015]. Eine niedrige Testabdeckung erhöht das Risiko für Produktionsfehler und einen dadurch verursachten Analyse- und Korrekturaufwand.

Bei einer solchen Vorgehensweise wird Testaufwand vom Neuentwicklungsprojekt auf die Anwender des produktiven Systems verlagert. Dieser Aufwand geht dadurch nicht in die Kostenbetrachtung des Projektes ein, was seine Produktivität erhöht. Dennoch sind die über einen längeren Zeitraum anfallenden Kosten für

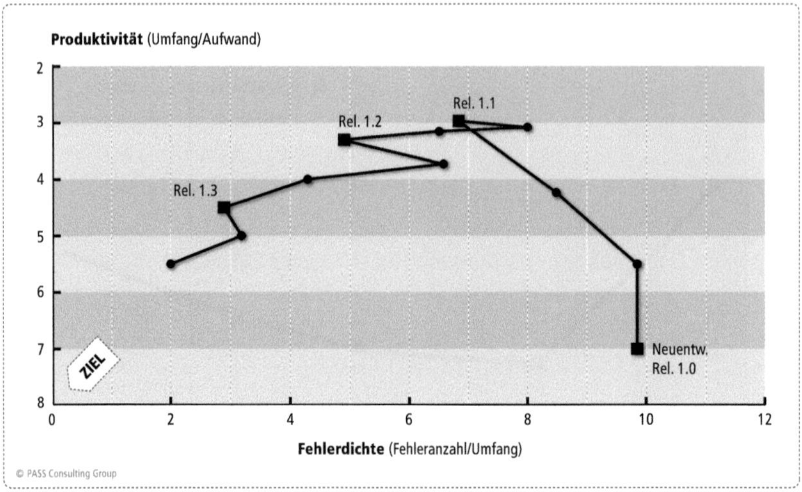

Abbildung 17: Zeitlicher Verlauf von Fehlerdichte und Produktivität bei vernachlässigter Qualitätssicherung, dargestellt in einem X/Y-Diagramm (Beispiel)

Neuentwicklung, Weiterentwicklung und Fehlerkorrekturen in der Summe höher als wenn die Neuentwicklung mit einer angemessenen Testabdeckung und frühzeitigen Fehlerkorrekturen vor der Produktivsetzung abgeschlossen wurde. Fazit: **Qualität hat ihren Preis. Schlechte Qualität hat einen noch höheren Preis.**

Anomalie 2: Die Auswirkungen technischer Schulden

Technische Schulden sind eine Metapher für Produktivitätssteigerungen durch Nachlässigkeiten, die über die zuvor beschriebene Vernachlässigung der analytischen Qualitätssicherung hinaus gehen. Mögliche Ursachen sind Zeitdruck, fehlende Erfahrung und/oder Know-how-Defizite. Das Problem dieser Schulden ist, dass sie später von anderen Mitarbeitern, die für Wartung und Weiterentwicklung eines Systems verantwortlich sind, einschließlich oft hoher Zinsen und über einen langen Zeitraum hinweg zurückgezahlt werden müssen. Die Zinsen sind wiederum eine Metapher für die deutlich schlechtere Weiterentwicklungsproduktivität und die daraus resultierenden höheren Kosten.

Einige Maßnahmen, mit denen die Produktivität der Neuentwicklung eines Systems um den Preis einer nachhaltigen Einschränkung der Wartbarkeit erhöht werden kann, sind beispielsweise:

- Unvollständige Umsetzung nicht-funktionaler Anforderungen
- Aufgeschobene Korrekturen bekannter Fehler
- Vernachlässigung von technischem Design
- Mehrfache Entwicklung ähnlicher oder identischer Funktionalität (im Gegensatz zur generischen Programmierung oder Wiederverwendung)
- Vernachlässigung von Strukturierung und Kommentierung des Codes sowie seiner Robustheit und einer angemessenen Fehlerbehandlung
- Mangelnde Dokumentation
- Nicht vorhandene, nicht ausgereifte oder zu komplexe Prozesse bzw. Infrastruktur für die Versionsverwaltung, das Konfigurationsmanagement sowie Integration (Build) und Verteilung (Deploy)

Ein deutlicher Indikator für technische Schulden ist es, wenn die Weiterentwicklungsproduktivität deutlich niedriger ist als bei der ursprünglichen Neuentwicklung des Systems - und sie sich von Release zu Release noch weiter verschlechtert. Die Fehlerdichte kann hier durchaus unauffällige Werte aufweisen, da die Probleme der Anwendung eher im Bereich der Wartbarkeit als bei der funktionalen Korrektheit liegen (Beispiele: Abbildung 18 und Abbildung 19).

Die Darstellung in einem X/Y-Diagramm (Abbildung 19) zeigt deutlich, dass sich eine Anwendung, die mit technischen Schulden in den Produktionsbetrieb übergeben wird, nicht dem Zielbereich annähert, sondern sich mit jedem neuen Release weiter davon entfernt. Im Gegensatz zu Anomalie 1, der in den Produktionsbetrieb verschleppten Qualitätssicherung, sind technische Schulden meist nicht mit angemessenem Korrekturaufwand zu heilen. Häufig bedarf es hierfür eines aufwendigen Redesign oder Refactoring der gesamten Anwendung.

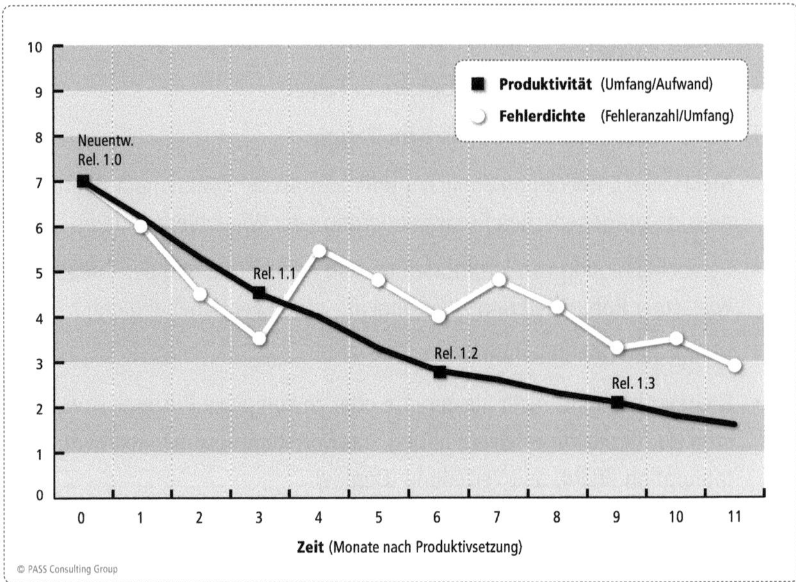

Abbildung 18: Zeitlicher Verlauf von Fehlerdichte und Produktivität bei technischen Schulden (Beispiel)

Neben einer Analyse des zeitlichen Produktivitätsverlaufs können regelmäßige Codeanalysen früh Indizien für technische Schulden und somit für eine einge-

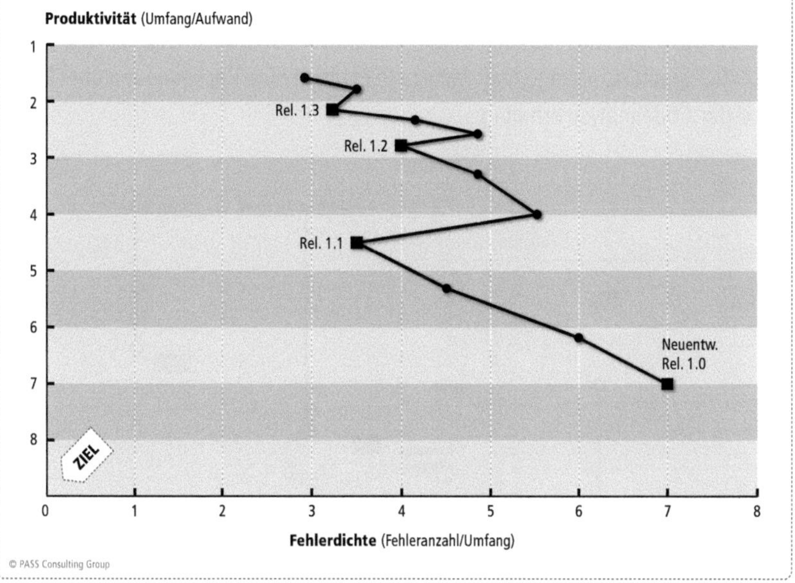

Abbildung 19: Zeitlicher Verlauf von Fehlerdichte und Produktivität bei technischen Schulden, dargestellt in einem X/Y Diagramm (Beispiel)

schränkte Wartbarkeit liefern. Sie sollten durch Werkzeuge wie beispielsweise SonarQube [SonarSource 2014] automatisiert und regelmäßig durch manuelle Reviews ergänzt werden. Mit SonarQube kann, abhängig von der Programmiersprache, die Kommentardichte gemessen, vorhandene Kommentare auf Schlüsselworte wie TODO oder FIXME überprüft oder auch Messungen der Komplexität, des Methoden-Zusammenhalts und der Kopplung durchgeführt werden. Zusätzlich sucht SonarQube nach bekannten Fehlermustern im Code, sodass einige Fehler bereits im Vorfeld funktionaler Tests, schon unmittelbar nach der Codierung, erkannt werden können. Bewährt hat sich eine frühzeitige Integration von Sonar-

Qube in den Build-Prozess bei einer Neuentwicklung und seine Konfiguration als Nightly Build oder als kontinuierliche Integration, sodass sowohl Entwickler als auch das Qualitätsmanagement nahezu in Echtzeit eine Rückmeldung über Ergebnisse der Codeanalyse erhalten.

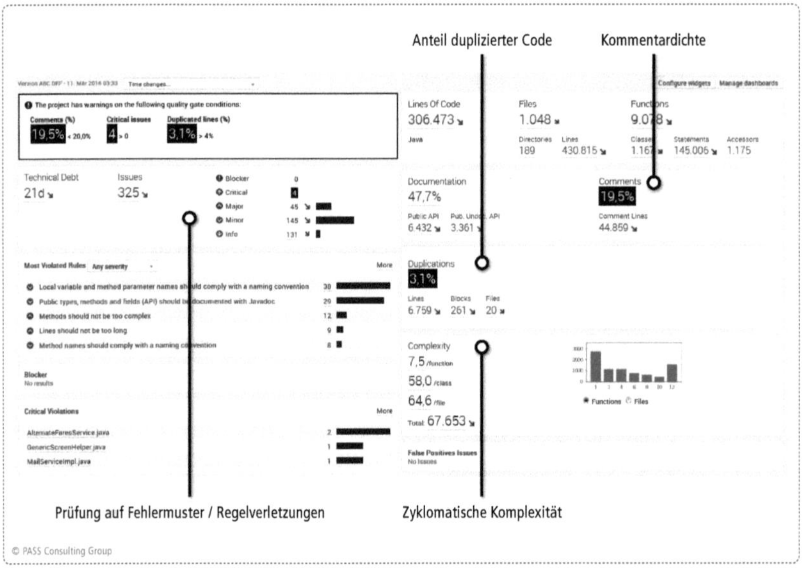

Abbildung 20: Zusammenfassung der Ergebnisse einer Codeanalyse mit SonarQube (Beispiel)

Fehlerursachenanalysen

Viele Fehler haben das Potenzial, die Kosten ihrer Analyse und Korrektur mehrfach zurückzuzahlen. Dabei erscheint eine Fehlerursachenanalyse zunächst als Mehraufwand gegenüber einer schnellen Fehlerbehebung. Tatsächlich handelt es sich jedoch um eine Maßnahme zur Einsparung von Aufwand, der sonst für die Behandlung mitunter zahlreicher künftiger Fehler erforderlich wäre. Fehlerursachenanalysen verbessern somit nachhaltig Produktivität und Qualität.

In der Praxis ist es zunächst erforderlich, für jeden Fehler die tatsächliche Ursache am Anfang der Ursache-Wirkungs-Kette zu finden. Somit geht es nicht um oberflächliche Ursachen wie „Programmierfehler". Bewährt hat sich ein Vorgehen ähnlich der 5-Why-Methode [Sondalini 2005], bei der mehrfach (nicht zwingend fünfmal) nach dem „Warum" gefragt wird. Erst wenn man die Ursache-Wirkungs-Kette so weit zurückverfolgt hat, dass es keine sinnvolle Antwort auf das „Warum?" mehr gibt, hat man mit hoher Wahrscheinlichkeit den Ursprung des Fehlers gefunden, der Hinweise auf eine effektive Verbesserungsmaßnahme liefern kann. Als Beispiel mag eine Fehlermeldung dienen die besagt, dass der Anwender den Inhalt in einem bestimmten Feld einer Maske nicht ändern kann, obwohl er aufgrund seiner Rolle dazu berechtigt sein sollte:

Frage	Antwort
Warum ist der Feldinhalt nicht änderbar?	Das Feld ist schreibgeschützt.
Warum ist es schreibgeschützt?	Der Rolle des Anwenders fehlt das entsprechende Recht.
Warum fehlt der Rolle dieses Recht?	Weil es bei der Einrichtung der Benutzerrollen nicht zugewiesen wurde.
Warum wurde es nicht zugewiesen?	Weil es in der Spezifikation der Benutzerrollen nicht aufgeführt war.

Tabelle 3: Beispiel einer Fehlerursachenanalyse nach der 5-Why-Methode

Selbstverständlich könnte man noch weiter hinterfragen, warum die Spezifikation unvollständig war. Auf keinen Fall handelt es sich jedoch um einen „Programmierfehler" oder „GUI-Fehler", sondern eher um einen „Fehler in der Spezifikation", vielleicht aber auch um eine neue Anforderung (und somit keinen Fehler). Mögliche Maßnahmen, um einen Fehler der Kategorie „Fehler in der Spezifikation" künftig zu verhindern, sind: Mehr Gründlichkeit beim Anforderungsmanagement bzw. bei der Spezifikationserstellung, eine angemessene Qualitätssicherung sowie ein Freigabeprozess für die Spezifikation vor ihrer Implementierung.

Für den Praxiseinsatz ist es empfehlenswert, dass die möglichen Fehlerursachen unternehmensweit einheitlich festgelegt sind und jedem Fehler zwingend eine Ursache aus diesem Schema zugewiesen werden muss, beispielsweise durch eine Auswahlliste im verwendeten Ticketing System oder Error Tracking Tool. Die Standardisierung ist wichtig um mit einfachen Mitteln Auswertungen zur Häufigkeit von Fehlern bestimmter Kategorien vornehmen zu können. Diese lassen erkennen, in welchen Bereichen Verbesserungsmaßnahmen aufgrund der Fehleranzahl wahrscheinlich besonders effektiv sind. Um beim oben genannten Beispiel zu bleiben: Wurden 25 % der auftretenden Fehler der Kategorie „Fehler in der Spezifikation" zugewiesen, sollte den Verantwortlichen klar sein, dass sie bei der Erstellung und QS der Spezifikationen ein Problem haben. Anders ausgedrückt haben sie jedoch auch die Chance, mit wahrscheinlich wenig zielgerichteten Maßnahmen ihre Fehlerrate um 25 % zu verbessern und hohe Korrekturkosten einzusparen.

In dem in diesem Buch vorgestellten Managementmodell gehört die Fehlerursachenanalyse zur Phase Auswertung. Ihre Ergebnisse bilden eine Grundlage der Phase Optimierung. Es ist hilfreich, das Schema der standardisierten Fehlerursachen auf der obersten Ebene bereits nach den Handlungsfeldern der anschließenden Optimierung, den Key Performance Areas (KPAs) zu gruppieren, wie es beispielhaft in Abbildung 21 dargestellt ist.

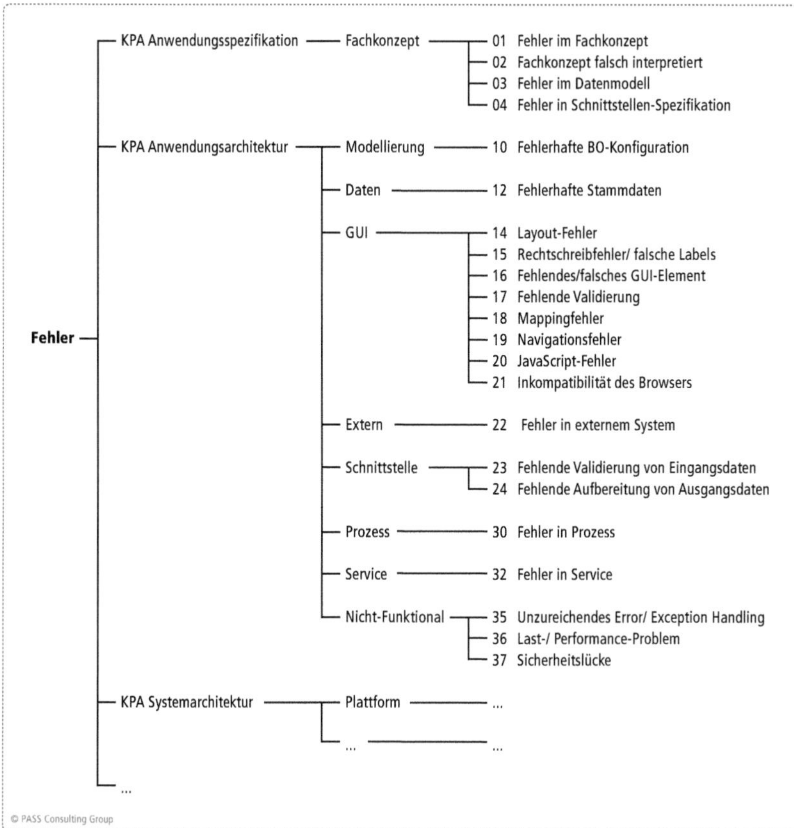

Abbildung 21: Schema zur Klassifizierung von Fehlerursachen (Auszug, Beispiel)

IV. Optimierung

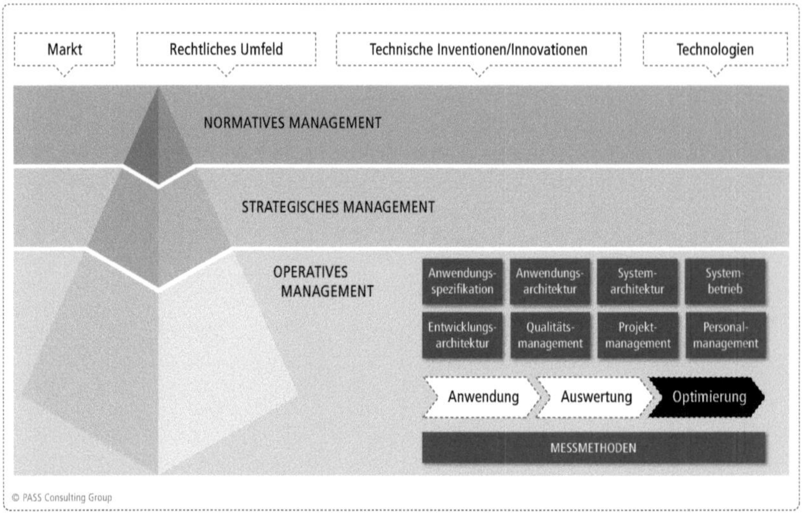

Abbildung 22: Planung und Durchführung von Verbesserungsmaßnahmen

Nach Erhebung und Auswertung der Kennzahlen und einer anschließenden Fehlerursachenanalyse schließt sich der Zyklus des Managementmodells durch die Planung und Durchführung von Verbesserungsmaßnahmen.

Key Performance Areas

Abbildung 23 zeigt sogenannte Key Performance Areas (KPAs). Dies sind Bereiche, die Einfluss auf die im Managementmodell regelmäßig erhobenen KPIs Produktivität, Kosten und Qualität haben und somit Handlungsfelder für mögliche Verbesserungsmaßnahmen darstellen. Die Farbe der Schnittpunkte von KPIs und KPAs signalisieren grob, wie groß der Hebel erfahrungsgemäß ist, den eine Verbesserung in der jeweiligen KPA auf die KPI ausüben kann. Dabei handelt es sich um Erfahrungswerte, d.h. unter abweichenden Rahmenbedingungen können sich andere Hebelwirkungen ergeben.

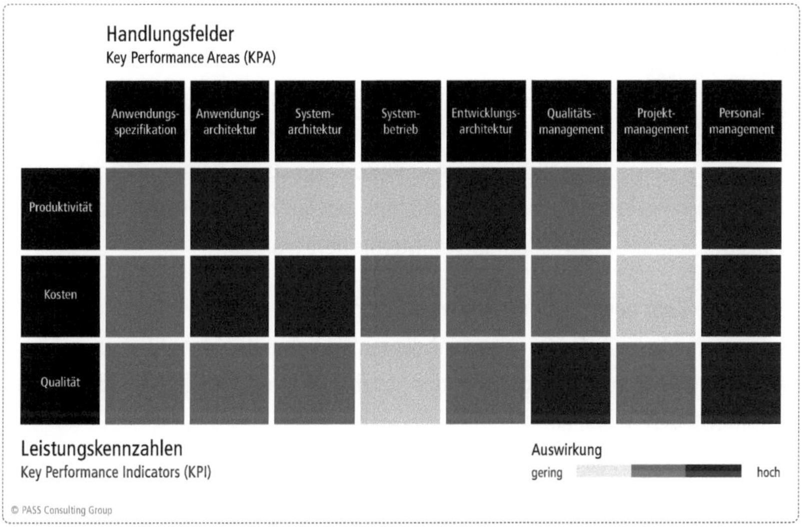

Abbildung 23: Auswirkungen von Key Performance Areas auf KPIs (Erfahrungswerte)

Signalisieren KPIs schlechte Werte, sollte zunächst bevorzugt in den KPAs nach Verbesserungsmaßnahmen gesucht werden, die eine stärkere Hebelwirkung haben. In den nachfolgenden Kapiteln wird auf mögliche Maßnahmen hingewiesen. Eine detaillierte Betrachtung der Erfolgsfaktoren und Details sowie Erfahrungswerte mit diesen Maßnahmen würden den Umfang dieses Buches sprengen. Daher wird es im Rahmen dieser Buchreihe Folgebücher geben, die sich jeweils ausführlich mit der Optimierung einzelner KPAs beschäftigen und – analog zu diesem Buch – auf praktischen Erfahrungen basieren.

Anwendungsspezifikation

Anwendungs-
spezifikation

Ein Indikator für Probleme in diesem Bereich ist die auffällige Häufigkeit von Fehlern, bei denen die Fehlerursachenanalyse eine Ursache im Zusammenhang mit der Anwendungsspezifikation ergibt. Je nach Granularität der Fehlerklassen und der Gründlichkeit der Analyse kann dabei bereits erkennbar sein, ob es sich beispielsweise um Konzeptfehler handelt oder um Unschärfen, sodass Konzepte von den Entwicklern falsch interpretiert wurden.

Eine hohe Zahl neuer Anforderungen (Change Requests) ist ein Indiz dafür, dass es Probleme beim Anforderungsmanagement, d.h. bei der Identifikation, präzisen Beschreibung, Berücksichtigung in der Spezifikation und Nachverfolgbarkeit von Anforderungen geben kann.

Verbesserungsmaßnahmen sind im Bereich der Entwicklungsstandards (z.B.: Prozessmodelle) zu suchen: Vorgaben, wie Anforderungen zu beschreiben und Konzepte zu erstellen sind, Prüfungen der Detaillierung und Vollständigkeit, die Einbeziehung des Auftraggebers bzw. Produktverantwortlichen usw.

Einfluss auf KPIs:

- **Produktivität**: Mittel. Unvollständige oder unscharfe Spezifikationen können während der Entwicklung Mehraufwand für Rückfragen oder Nachbesserungen verursachen. Gegenüber einer Korrektur von Fehlern noch während der Konzeptphase sind die Kosten, um Fehler zu korrigieren, deutlich höher, wenn zu einem späteren Zeitpunkt Fehleranalysen, Codeänderungen und Nachtests durchgeführt bzw. Patches oder neue Releases in der Produktionsumgebung installiert werden müssen.
- **Kosten**: Mittel, aus den bei Produktivität genannten Gründen.
- **Qualität**: Mittel, da viele Fehler schon vor der Implementierung vermieden und somit nicht von den Anwendern festgestellt und gemeldet werden.

Anwendungsarchitektur

Anwendungs-architektur

Wird bei der Auswertung der Fehlerursachenanalyse eine Häufigkeit von Fehlerursachen im Zusammenhang mit der Anwendungsarchitektur festgestellt, ist dies ein Indikator für grundsätzliche Probleme in diesem Bereich. Erfahrungsgemäß haben die meisten Fehler ihre Ursachen in diesem Umfeld. Daher sollten dort die Fehlerklassen weiter unterteilt werden in Kategorien wie Prozesse, Funktionen, Daten, Schnittstellen oder GUI, damit aus der Fehlerverteilung präzisere Rückschlüsse gezogen werden können.

Weitere Indikatoren kann eine Codeanalyse liefern, wie sie im vorhergehenden Kapitel beschrieben ist, beispielsweise durch Messung des Methoden-Zusammenhalts, der Kopplung oder des Anteils an redundantem Code.

Wirksame Maßnahmen sind Entwicklungsstandards wie Frameworks und Standard-Architekturen, insbesondere jedoch die Wiederverwendung. Je weniger Code individuell implementiert werden muss, umso geringer sind der Entwicklungsaufwand und das Risiko von – durch die Implementierung verursachten – Fehlern.

Einfluss auf KPIs:

- **Produktivität**: Hoch, da insbesondere durch einen hohen Wiederverwendungsgrad der Entwicklungsaufwand deutlich vermindert werden kann (siehe das Beispiel aus der Einleitung).
- **Kosten**: Hoch, ebenfalls aufgrund des starken Hebels zur Reduzierung von Entwicklungsaufwand.
- **Qualität**: Mittel. Wieder verwendete Komponenten sind in der Regel bewährt und qualitätsgesichert – im Gegensatz zu individueller Programmierung.

Systemarchitektur

System-architektur

Bei entsprechender Klassifizierung der Fehlerursachen kann eine Fehlerursachenanalyse auch Indizien für Probleme im Zusammenhang mit der Systemarchitektur liefern, beispielsweise wenn Mängel bei Verfügbarkeit, Lastverhalten, Informationssicherheit usw. deutlich werden. Zusätzlich ist das Monitoring des Systembetriebs eine Quelle von Hinweisen auf Probleme in dieser KPA.

Eine Risikominderung kann oft durch die Verwendung bewährter und zu den Anforderungen passender Standard-Architekturen wie auch durch die Einhaltung von Industriestandards (z.B.: ISO/IEC 27001, BSI-Grundschutz, PCI DSS) erreicht werden.

Einfluss auf KPIs:

- **Produktivität**: Gering, da Entwicklung und Systemarchitektur in der Regel entkoppelt sind. Beispielsweise macht eine Persistenzschicht die Programmierung unabhängig von dem verwendeten Datenbankhersteller.
- **Kosten**: Hoch durch den Einfluss der Lizenzkosten, die sich zwischen extrem kostspieligen Lizenzmodellen etablierter Technologieanbieter und Open Source Software ohne Zahlungsverpflichtung gegenüber einem Lizenzgeber bewegen.
- **Qualität**: Mittel, da die Erfüllung zahlreicher nicht-funktionaler Anforderungen (Verfügbarkeit, Lastverhalten, Informationssicherheit) stark von der Systemarchitektur abhängig ist.

Systembetrieb

System-betrieb

Probleme beim Systembetrieb äußern sich in der Regel durch für den Anwender wahrnehmbare Systemausfälle, betriebliche Einschränkungen oder Auswirkungen einer Kompromittierung, falls diese nicht schon seitens der Infrastruktur bzw. Systemarchitektur verhindert werden können (z.B. durch Firewalls, Intrusion Prevention Systeme, Verschlüsselungen, Load Balancer usw.).

Eine wirksame Maßnahme ist die Einhaltung bewährter Industriestandards wie ISO 22301 für das Business Continuity Management bzw. ISO/IEC 27001, BSI-Grundschutz oder PCI DSS für die Informationssicherheit.

Einfluss auf KPIs:

- **Produktivität**: Gering bei einer Betrachtung der Softwareentwicklungsproduktivität, da Entwicklung und Systembetrieb weitgehend entkoppelt sind. Eine Ausnahme ist die ggf. zu implementierende Unterstützung der im Systembetrieb eingesetzten Logging- und Monitoringwerkzeuge durch die betriebene Anwendung.
- **Kosten**: Mittel durch den Ressourcenverbrauch der Rechenzentren und den abhängig von der vereinbarten Systemverfügbarkeit erforderlichen synchronen Betrieb von Systemkomponenten bzw. Betriebsstandorten.
- **Qualität**: Gering, jedoch nicht ohne Einfluss, da die Erfüllung nichtfunktionaler Anforderungen wie Verfügbarkeit oder Informationssicherheit auch vom Systembetrieb abhängig ist.

Entwicklungsarchitektur

Entwicklungs-architektur

Ein Indikator für mögliche Probleme im Bereich der Entwicklungsarchitektur, d.h. der zur Entwicklung verwendeten Technologien, Vorgehensmodelle, Methoden oder Werkzeuge, ist eine dauerhaft niedrige Entwicklungsproduktivität.

Bewährte Maßnahmen in diesem Bereich sind Entwicklungsstandards wie Programmierrichtlinien und Entwurfsmuster, Entwicklungsumgebungen, die mit Versionsverwaltungssystemen, Werkzeugen zur Codeprüfung integriert sind oder auch Frameworks als Entwicklungsrahmen mit wiederverwendbaren technischen Komponenten. Noch effektiver sind Ansätze zur Automatisierung. Ein Beispiel ist die modellbasierte Entwicklung: Auf Basis abstrakter Modelle werden Geschäftsprozesse mit Hilfe von Process Engines ausgeführt, Code generiert usw. Weitere Beispiele sind die kontinuierliche Integration (Build-Automation) und automatisierte Tests (Codeanalysen, Komponententests, Testskripte).

Einfluss auf KPIs:

- **Produktivität**: Hoch, denn insbesondere Automatisierung im Bereich der Entwicklungsprozesse kann den Aufwand deutlich reduzieren.
- **Kosten**: Mittel, da einerseits Entwicklungsaufwand reduziert werden kann, andererseits jedoch Aufwand für die Entwicklung, Einführung, Schulung der Standards und Automatisierungstechniken entsteht und ggfs. auch Lizenzkosten anfallen können.
- **Qualität**: Mittel, da das Fehlerrisiko generell geringer wird, wenn Prozesse automatisiert und nicht mehr manuell ausgeführt werden. Beispiel: Die Qualität generierten Codes kann durch ein Template gesteuert werden und ist einheitlich. Die Qualität individuell programmierten Codes ist von zahlreichen Einflüssen abhängig, dadurch heterogen und nur schwer steuerbar.

Qualitätsmanagement

Qualitätsmanagement

Deutliche Anzeichen für Defizite im Qualitätsmanagement sind eine permanent über dem Durchschnitt liegende Fehlerdichte sowie die Häufigkeit von Fällen, bei denen ein als behoben gemeldeter Fehler nach einem erneuten Test als nicht behoben moniert wird.

Bei Maßnahmen des Qualitätsmanagements unterscheidet man zwischen konstruktiver, organisatorischer und analytischer Qualitätssicherung. Als **konstruktive Qualitätssicherung** bezeichnet man Maßnahmen zur Verhinderung von Fehlern. Diese können in einer Verbesserung der Standards, Methoden und Werkzeuge zur möglichst frühzeitigen Qualitätssicherung liegen, jedoch auch das Wissen und die Erfahrung der beteiligten Personen, die Einhaltung bewährter Standards, die Automatisierung von bisher manuell durchgeführten Tätigkeiten usw. betreffen.

Ziel der **organisatorischen Qualitätssicherung** ist es, die Qualität durch Expertenrollen oder Gremien zu unterstützen, die ihr Wissen und ihre Erfahrung dem Entwicklungsprozess beisteuern, das Entwicklungsteam beraten, dessen Ergebnisse prüfen und freigeben. Dabei kann es sich beispielsweise um Fach- oder Technik-Ausschüsse, Sicherheitsexperten und Spezialisten für weitere Themen (Architektur, Datenmodellierung, User Experience, Testautomation usw.), Controlling Boards oder auch einen Lenkungsausschuss handeln.

Während die konstruktive und auch organisatorische Qualitätssicherung primär das Ziel haben Fehler zu vermeiden, ist es die Aufgabe der **analytischen Qualitätssicherung**, Fehler festzustellen. Sie überprüft die Konformität zu den Anforderungen mit Hilfe von Reviews, der Vorbereitung von Tests (Erstellen von Testfällen, Testdaten, Testumgebungen) sowie deren Durchführung.

Einfluss auf KPIs:

- **Produktivität**: Mittel. Manuell durchgeführte Maßnahmen der analytischen Qualitätssicherung verursachen einen hohen Aufwand und belasten die Produktivität. Durch Vernachlässigung der QS kann dieser Aufwand punktuell eigespart und die Produktivität verbessert werden. Im Rahmen der Weiterentwicklung fallen dann jedoch höhere Fehlerkosten an und deren Produktivität wird geringer. Frühzeitige Qualitätssicherung ermöglicht die Fehlerbehebung mit geringerem Aufwand als in späteren Phasen eines Entwicklungsprozesses. Testautomation reduziert den Aufwand für die Durchführung von Tests. Beide Maßnahmen wirken sich somit produktivitätssteigernd aus.
- **Kosten**: Mittel, da die zuvor genannten Aufwandstreiber (manuell durchgeführte QS-Maßnahmen, späte Fehlererkennung) auch Personalkosten verursachen. Hinzu kommen Kosten durch die Auswirkungen nicht

behobener und im Produktionsbetrieb auftretender Fehler, beispielsweise infolge eingeschränkter Benutzbarkeit einer Anwendung oder durch die Auswirkungen von Anwendungsfehlern in nachgelagerten Prozessen oder Systemen, was in der Praxis jedoch selten beziffert werden kann. Außerdem können Kosten für Werkzeuge zur Unterstützung der analytischen Qualitätssicherung anfallen.

- **Qualität**: Hoch, da alle zuvor beschriebenen Maßnahmen die Anzahl der Fehler direkt beeinflussen.

Projektmanagement

Projektmanagement

Ein Indikator für Probleme im Bereich Projektmanagement ist die mehrfache Verschiebung geplanter bzw. vereinbarter Termine, was mit Hilfe einer Meilensteintrendanalyse frühzeitig erkennbar wird. Weitere Indizien sind Nachlässigkeiten bei der Überprüfung von Qualitätskriterien, beispielsweise die Implementierung von Konzepten, bevor diese geprüft und freigegeben wurden, oder die Produktivsetzung von Releases oder Inkrementen, bevor diese ausreichend getestet wurden.

Optimierungen auf diesem Gebiet sind durch Sharing-Modelle möglich wie beispielsweise ein Projektmanagementoffice (PMO), das als Querschnittsfunktion der Organisation Kompetenz bündelt und mehrere Projekte bei Aufgaben im Projektmanagement unterstützt. Auch ist es empfehlenswert, Personalstärke und Methoden an der Projektgröße zu orientieren. Der Bedarf an Projektmanagement korreliert mit dem Entwicklungsumfang, nicht mit dem Auslieferungsumfang. Bei einem hohen Wiederverwendungsgrad und einem geringen Anteil individueller Entwicklung ist dieser Bedarf daher eher gering.

Einfluss auf KPIs:

- **Produktivität**: Gering, jedoch nicht ohne Auswirkung. Insbesondere ein nicht der Projektgröße angemessenes Projektmanagement kann hohen Personalaufwand verursachen und somit die Produktivität reduzieren. Andererseits stellt ein funktionierendes Projektmanagement die Einhaltung aller vereinbarten Termine, Budgets und Qualitätskriterien sicher, antizipiert Risiken für das Projekt und vermeidet dadurch Mehraufwand.
- **Kosten**: Gering, aus den oben genannten Gründen.
- **Qualität**: Mittel, da das Projektmanagement für die Einhaltung aller Qualitätskriterien und Durchführung aller geplanten Maßnahmen der analytischen Qualitätssicherung verantwortlich ist, deren Vernachlässigung Auswirkungen auf die Qualität hat.

Personalmanagement

Personal-management

Für diesen Bereich gibt es keinen eindeutigen Indikator, d.h. nahezu alle Probleme können ganz oder teilweise auf mangelnde Erfahrung, unzureichendes Wissen oder geringe Motivation der eingesetzten Mitarbeiter zurückgeführt werden. Hilfreich kann zur Ursachenanalyse ein Projektassessment aus einer anderen Perspektive sein, d.h. eine Analyse durch Personen, die nicht aktiv in die Entwicklungsprozesse eingebunden sind.

Nur das Personalmanagement hat einen über alle Leistungsbereiche hohen Einfluss. Eine Ursache dafür ist die Tatsache, dass es sich bei Softwareentwicklung um Wissensarbeit handelt, deren erfolgreiche Ausübung Wissen zu den relevanten fachlichen und technischen Themen erfordert. Optimierungen im Bereich des Personalmanagements sind einerseits durch gute Mitarbeiterauswahl unter Berücksichtigung vorhandenen Wissens, jedoch auch durch weiteren Ausbau dieses Wissens im Rahmen der Personalentwicklung möglich. Ein weiterer Faktor ist das Wissensmanagement, d.h. die Fähigkeit, den beteiligten Personen zusätzlich erforderliches Wissen genau zur richtigen Zeit zugänglich zu machen.

Neben der Betrachtung einzelner Mitarbeiter ist jedoch auch die Fähigkeit zur Teamarbeit von großem Einfluss. Beispielsweise lassen sich komplexe Aufgaben schneller durch Methoden wie Pair Programming oder Pair Testing lösen, bei denen sich zwei Mitarbeiter ergänzen und in der Summe produktiver sind – vorausgesetzt, Teamarbeit wird vom Management unterstützt und die Mitarbeiter sind dazu in der Lage. Weitere Aspekte sind ein offener Umgang mit Wissen und eine kollektive Verantwortung für die Qualität der Ergebnisse. Leistungsunterschiede einzelner Mitarbeiter, die in der Praxis mit bis zu einem Faktor von 30 festgestellt werden können, verlieren oft an Bedeutung, wenn die Leistung eines Teams größer als die Summe der Einzelleistungen ist. Wichtige Voraussetzungen dafür sind jedoch ein initialer Teambildungsprozess sowie begleitende Teamentwicklungsmaßnahmen. Ein Beispiel dafür ist die Leistung der deutschen Nationalmannschaft während der Fußballweltmeisterschaft 2014, die nicht das Ergebnis von Einzelleistungen ist, sondern auf einer hervorragenden Teambildung basiert.

Einfluss auf KPIs:

- **Produktivität**: Hoch.
- **Kosten**: Hoch.
- **Qualität**: Hoch.

Berechnung der Wirksamkeit von Verbesserungsmaßnahmen

Jede Verbesserungsmaßnahme erfordert einen Aufwand, der in Relation zum Nutzen, d.h. zur möglichen Verbesserung der Produktivität und der daraus resultierenden Kosteneinsparung betrachtet werden muss. Die in Abbildung 23 auf einer dreistufigen Skala dargestellte Hebelwirkung von KPAs auf KPIs gibt eine grobe Orientierung, in welchen Bereichen Verbesserungsmaßnahmen effektiver als in anderen sein können. Darüber hinaus gibt dieses Kapitel eine Hilfestellung zur analytischen Ermittlung des Wirkungsgrads, der mit einer oder auch mit mehreren Maßnahmen erreicht werden kann.

Eine bedeutende Rolle spielt dabei der Wirkungsbereich (die Reichweite) einer Verbesserungsmaßnahme, d.h. wie groß der Anteil am gesamten Entwicklungsprozess ist, der von der Maßnahme beeinflusst wird. Ein Beispiel zeigt Abbildung 24: Eine Maßnahme, mit der die Produktivität in einem Teilbereich des Entwicklungsprozesses, der insgesamt nur die Hälfte des Gesamtaufwandes ausmacht (grauer Bereich), auf das Doppelte gesteigert wird, erhöht die Produktivität des gesamten Entwicklungsprozesses nur um ein Drittel. Erklärung: Produktivität und Aufwand sind reziprok, d.h. eine Erhöhung der Produktivität führt zu einer Reduzierung des Aufwands und umgekehrt. Die beschriebene Maßnahme führt zu einer Aufwandsreduktion von 50 % in 50 % des gesamten Prozesses, d.h. 25 % (1/4) resultierende Aufwandsreduktion. Es verbleiben 3/4 des ursprünglichen Aufwandes, was aufgrund des reziproken Verhältnisses 4/3 der ursprünglichen Produktivität entspricht, also einer Steigerung um 1/3 (33 %).

Um die effektiv wirksame Produktivitätsverbesserung mehrerer Maßnahmen einschätzen zu können, spielt es eine wesentliche Rolle, ob sich diese Maßnahmen gegenseitig beeinflussen. Solange sie unabhängig voneinander sind, kann die Gesamtproduktivität leicht dadurch bestimmt werden, dass man für jede Maßnahme

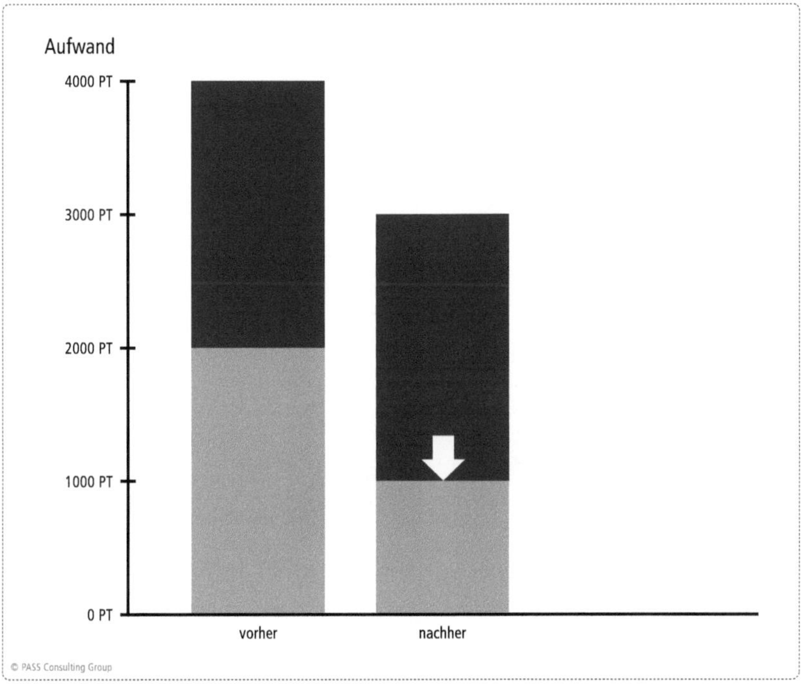

Abbildung 24: Wirkung einer einzelnen Verbesserungsmaßnahme (Beispiel)

die Aufwandsreduktion ermittelt und diese in Relation zum Anteil am Gesamtprozess setzt. So erhält man den verbleibenden Restaufwand und dadurch auch die insgesamt wirksame Produktivitätserhöhung. Abbildung 25 zeigt zwei Maßnahmen zur Produktivitätssteigerung um jeweils 100 %, die unabhängig voneinander wirken und nur Bereiche beeinflussen, die jeweils ein Viertel des Gesamtaufwands ausmachen. Der aus beiden Maßnahmen resultierende Gesamtaufwand beträgt noch 3/4 des ursprünglichen Aufwands, die Gesamtproduktivität daher 4/3, d.h. sie ist um 1/3 (33 %) höher.

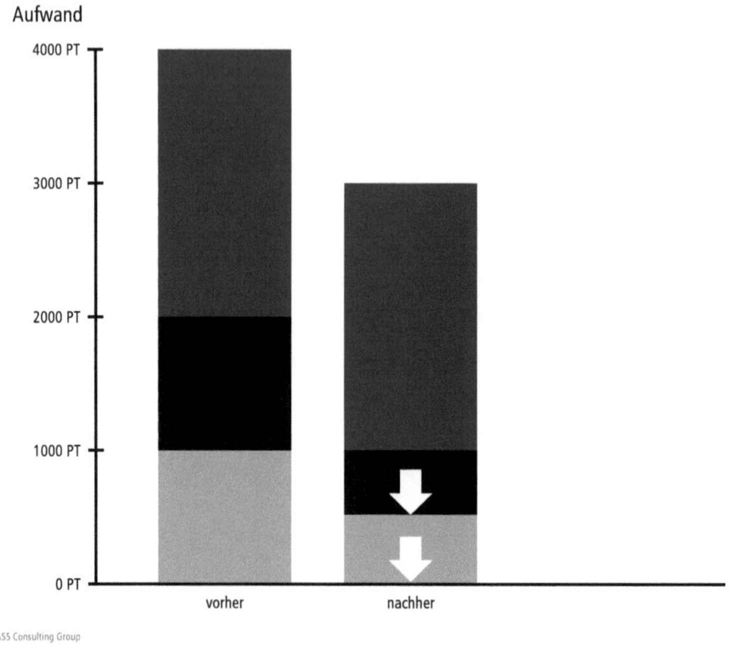

Abbildung 25: Wirkung von zwei Verbesserungsmaßnahmen in verschiedenen Bereichen (Beispiel)

Die beiden Beispiele zeigen, dass es bei Verbesserungsmaßnahmen nicht alleine auf die Höhe der punktuell erreichbaren Produktivitätssteigerung ankommt, sondern auch auf den Anteil, den der Wirkungsbereich am Gesamtaufwand hat.

Bei Verbesserungsmaßnahmen, deren Einflussbereiche identisch sind, die sich also auch gegenseitig beeinflussen, kann man die Aufwandsreduzierungen miteinander multiplizieren. Wirken die beiden Maßnahmen zur Produktivitätsverdopplung aus dem vorhergehenden Beispiel nicht in verschiedenen, sondern vollständig im selben Bereich, so stellt man die in Abbildung 26 dargestellte Verbesserung fest: Es ergibt sich für den resultierenden Restaufwand 50 % * 50 % = 25 % (ein Viertel) in einem Teilbereich, der vor Umsetzung der Maßnahmen 25 % vom Gesamtaufwand ausgemacht hat. Insgesamt beträgt der Restaufwand damit noch 13/16, die Produktivität hat sich auf 16/13, also um ca. 23 % (3/13) erhöht. Bei Auswirkung der Maßnahmen in komplementären Bereichen ergab sich im vorhergehenden Beispiel eine Steigerung von 33 %.

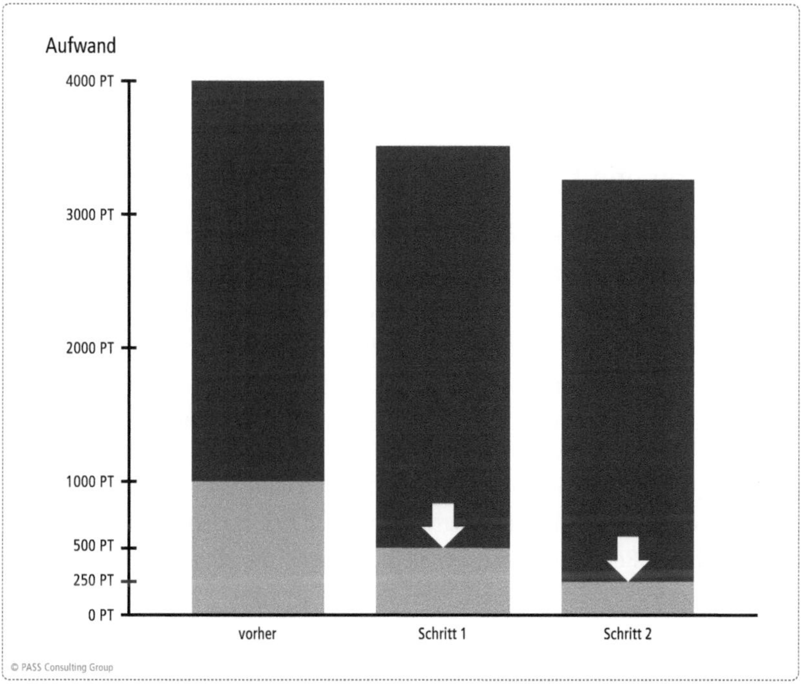

Abbildung 26: Wirkung von zwei Verbesserungsmaßnahmen im selben Bereich (Beispiel)

Aus diesen Fallbeispielen gehen zwei wichtige Schlussfolgerungen hervor:

- **Verbesserungsmaßnahmen sind umso effektiver, je größer ihr Einfluss auf den Gesamtprozess ist,** d.h. ihr Anteil am Gesamtaufwand.
- Die aus mehreren Maßnahmen resultierende Produktivitätsverbesserung hängt davon ab, wie sich diese gegenseitig beeinflussen. Meist gilt: **Je unabhängiger Verbesserungsmaßnahmen wirken, umso größer ist ihre Effektivität.** In der Praxis ist dies schwer zu ermitteln. Daher kann vorab bestenfalls ein Intervall bestimmt werden, in dem die zu erwartende Verbesserung liegen wird.

Justierung und Kalibrierung der Messmethoden

Neben Verbesserungsmaßnahmen in den zuvor beschriebenen Handlungsfeldern kann auch eine Optimierung der Messmethoden notwendig werden. Änderungen an einer Messmethode führen jedoch in den meisten Fällen dazu, dass ältere, vor der Änderung durchgeführte Messungen nicht mehr mit neuen Werten vergleichbar sind. Daher sollte eine Organisation zögerlich damit umgehen. Gründe für eine solche Änderung am Fundament des Managementmodells können sein:

- Die Differenz zwischen der Vorab-Schätzung und dem tatsächlich für Entwicklungen benötigten Aufwand erweist sich auch bei Verfügbarkeit mehrerer Referenzprojekte (siehe das Kapitel „Berechnung des Aufwands geplanter Entwicklungsvorhaben") häufig als hoch.
- Die Messwerte einzelner Systeme liegen über einen längeren Zeitraum hinweg deutlich unter oder über dem Bezugswert, ohne dass andere Ursachen als eine Unschärfe der Messmethode dafür gefunden werden können.

Dabei sind u.a. folgende Änderungen möglich:

- Eine Präzisierung der Regeln, welche konstruktiven Merkmale oder Systemkomponenten bei der Messung des Entwicklungsumfangs berücksichtigt werden und welche nicht. Dies kann dadurch erforderlich werden, dass einmal implementierte Komponenten künftig wiederverwendet werden und dadurch Funktionalität zur Verfügung steht, die nicht mehr individuell entwickelt werden muss.
- Die Betrachtung zusätzlicher mit dem System interagierender funktionaler Benutzer, beispielsweise neben Masken, grafischen Benutzerschnittstellen und externen Systemen auch andere Ein- oder Ausgabegeräte (z.B.: Sensoren), mit IT angereicherte Geräte (sogenannte Cyber-physical Systems) usw.
- Eine geänderte, an die Komplexität der Interaktionen angepasste Gewichtung von Zählobjekten, beispielsweise um zeichenorientierten Masken einer Großrechner-Anwendung eine andere Wertigkeit zu geben als Dialogen einer modernen Web-Anwendung.

Generell sollte auch die Wirksamkeit einer Justierung und Kalibrierung der Messmethode nachträglich überprüft werden. Kann keine ausreichende Verbesserung der Messgenauigkeit festgestellt werden, muss erneut justiert und nachgemessen werden.

V. Fazit

Die Verbesserung der Produktivität ist ein erstrebenswertes Ziel: Sie ermöglicht es, Software in kürzeren Zeitintervallen und mit höherer Qualität zu entwickeln sowie einen höheren Return on Investment zu erzielen. Jedoch können wir Produktivität nicht mit unseren Sinnen erfassen und auch eine reine Kostenbetrachtung, das sogenannte Management des Verbrauchs, ermöglicht keine verlässlichen, in die Zukunft gerichteten Aussagen.

Die Produktivität eines Entwicklungsprozesses muss errechnet werden. In die Berechnung gehen nicht nur die Prozesskosten (Personalkosten) ein, sondern auch der Entwicklungsumfang, für dessen Ermittlung eine Messmethode benötigt wird. Wegen der Abhängigkeiten erfordert eine analytische Betrachtung der Produktivität auch eine gleichzeitige Messung der Qualität – und somit eine weitere Messmethode. Schließlich sollten auch nicht nur Prozesskosten (Personalkosten) berücksichtigt werden, sondern ebenfalls Lizenz- und Infrastrukturkosten. Somit sind es drei Leistungskennzahlen (KPIs) – Produktivität, Kosten und Qualität – die für eine nachhaltige Verbesserung notwendig sind.

Mit Hilfe dieser KPIs kann ein Unternehmen Leistungsunterschiede erkennen und feststellen, ob geplante oder ungeplante Veränderungen zu einer Verbesserung oder Verschlechterung geführt haben und in welchem Ausmaß. Dabei führen einzelne Messungen noch nicht zum Erfolg. Wichtig ist die Analyse dieser KPIs im zeitlichen Verlauf. Das in diesem Buch beschriebene und im mehrjährigen Einsatz bei der PASS Consulting Group bewährte Managementmodell basiert darauf, dass zyklisch Leistungskennzahlen mit Hilfe der Messmethoden erhoben, ausgewertet und anschließend Optimierungsmaßnahmen in den verschiedenen Handlungsfeldern (KPAs) identifiziert werden können. Dabei erfolgt die Auswahl von Maßnahmen unter Kosten/Nutzen-Aspekten, die einerseits auf Erfahrungswerten der Hebelwirkung einzelner KPAs auf die KPIs basieren, andererseits auch auf Berechnungen der möglichen Produktivitätssteigerung.

Die konsequente Anwendung dieses Managementmodells führt nachweisbar zu Produktivitätssteigerungen. Der einzige Nachteil könnte darin bestehen, dass man sich mit kleinen Schritten der Verbesserung zufrieden gibt, dabei jedoch das Potenzial von Paradigmenwechseln übersieht, die – wie in der Einleitung anhand von Erfahrungswerten belegt wurde – sehr viel größere Produktivitätssteigerungen ermöglichen.

Glossar

Agile Softwareentwicklung

Art der Softwareentwicklung, die sich durch →inkrementelle Entwicklung, Verbesserungen durch Lernen einzelner Mitarbeiter wie auch der Organisation sowie enge Zusammenarbeit aller Beteiligten auszeichnet.

Akteur

Anwender oder externes System, der/das im Rahmen eines →Anwendungsfalls mit einem System interagiert.

Anwendungsarchitektur

Auch: Anwendungsdesign, Softwarearchitektur oder Softwaredesign. Festlegung des grundsätzlichen Aufbaus einer Anwendung aus Komponenten, deren Zuständigkeiten, Schnittstellen und ihrer Kommunikation untereinander.

Anwendungsfall

Auch: Use Case. Ein Anwendungsfall bündelt alle möglichen Szenarien, die eintreten können, wenn ein →Akteur versucht, mit Hilfe des Systems ein bestimmtes fachliches Ziel zu erreichen. Er beschreibt, was inhaltlich beim Versuch der Zielerreichung passieren kann, und abstrahiert von konkreten technischen Lösungen [Cockburn 2002].

Auslieferungsproduktivität

→Produktivität, die sich auf den tatsächlichen Umfang eines ausgelieferten Systems bezieht und somit auch wiederverwendete Komponenten einschließt.

Baseline

Im Projektmanagement der Ausgangsplan, gegen den der Projektfortschritt gemessen wird. Im IT-Controlling der Bezugswert in einem →Benchmark.

Benchmark

Vergleichende Analyse von Ergebnissen oder Prozessen mit einem festgelegten Bezugswert und/oder Vergleichsprozess.

COSMIC

Common Software Measurement International Consortium, ein internationaler Zusammenschluss von Schätzexperten und Organisationen mit dem Ziel der Förderung und Verbreitung der →COSMIC-Methode.

COSMIC-Methode

Auch: →Full Function Points-Methode. Methode zur Ermittlung des Softwareumfangs durch Zählen von Datenbewegungen im Rahmen der Anwendungsfälle. Standardisiert in der Norm →ISO/IEC 19761.

Data Interaction Point-Methode

Auch: DIP-Methode. Methode zur Ermittlung des Softwareumfangs durch Zählen von Interaktionen zwischen den Akteuren und einem System.

Delphi-Methode

Erweiterte →Expertenschätzung, bei der das Schätzobjekt möglichst feingranular auf Basis von Erfahrungswerten der Schätzer beurteilt wird. Sie zeichnet sich durch eine formalisierte Anwendung unter Einbeziehung mehrerer Experten und eines Moderators aus.

Effektivität

Verhältnis von erreichtem zu definiertem Ziel.

Effizienz

Betrachtet die Wirtschaftlichkeit der Produktion hinsichtlich einer Kosten/Nutzen-Relation. In der Softwareentwicklung definiert als Output durch Input.

Elementarprozess

Andere Bezeichnung für eine →Basis-Funktionskomponente, wie sie in →ISO/IEC 14143 definiert wird.

EN ISO 9000

Normenreihe, die Grundsätze für Maßnahmen zum Qualitätsmanagement beschreibt.

Entwicklungsproduktivität

Produktivität, die sich aus dem Output eines Entwicklungsprozesses und dem benötigten Aufwand ergibt. Je nach Art der Entwicklung wird unterschieden zwischen →Neuentwicklungsproduktivität und →Weiterentwicklungsproduktivität.

Expertenschätzung

Aufwandsschätzung durch mehrere Personen auf Basis ihrer Erfahrung und durch Vergleich mit bereits durchgeführten ähnlichen Aufgaben.

Explizite Anforderung

Anforderung, die mit dem Auftraggeber bzw. Produktverantwortlichen explizit vereinbart und nachvollziehbar dokumentiert wurde.

Externer Benchmark

→Benchmark zum Vergleich eigener Messwerte mit denen anderer Organisationen.

Fehler

Nichterfüllung bzw. Abweichung von einer →expliziten oder →impliziten Anforderung.

Fehlerdichte

Indikator für die →Qualität eines Systems, der aus der Anzahl von →Fehlern in einem definierten Zeitabschnitt relativ zum Systemumfang gebildet wird.

Fehlerursachenanalyse

Methode zur Identifikation der am Anfang der Ursache-Wirkungs-Kette stehenden Ursache für einen →Fehler.

Full Function Points-Methode

Auch: FFP. Ursprüngliche Bezeichnung der →COSMIC-Methode.

Functional Size Measurement

Auch: FSM. In der Norm ISO/IEC 14143 standardisierte Methode zur Messung des Systemumfangs auf Basis von →funktionalen Anforderungen.

Function Point-Analyse

Auch: FPA. Methode zur Ermittlung des Softwareumfangs durch Zählen von Elementarprozessen und Datenbeständen im Rahmen der Anwendungsfälle. Standardisiert in der Norm →ISO/IEC 20926.

Funktionale Anforderung

Auch: Functional User Requirement, FUR. Beschreibt ein gewünschtes Verhalten des laufenden Systems.

Funktionaler Benutzer

Erweiterung des Begriffs →Akteur. Funktionale Benutzer können Menschen, externe Systeme oder beliebige Ein-/Ausgabegeräte sein.

IFPUG

International Function Point Users Group, gemeinnützige Gesellschaft zur internationalen Standardisierung und Förderung der →Function Point-Analyse.

Implizite Anforderung

Gängige Erwartung an eine nicht-funktionale Eigenschaft, ohne dass eine entsprechende Anforderung →explizit vereinbart und dokumentiert ist.

Individualsoftware

Software, die auf spezielle Anforderungen eines Kunden zugeschnitten ist.

Industrielle Softwareentwicklung

Anwendung von Methoden der industriellen Produktion auf die Softwareentwicklung, insbesondere Standardisierung und Wiederverwendung, Automatisierung und das Messen von Leistung und Ergebnisqualität.

Inkrementelle Entwicklung

Teile des Systems werden zu verschiedenen Zeiten entwickelt und das System jeweils um die fertig gestellten Teile erweitert.

Interner Benchmark

→Benchmark zum Vergleich von Messwerten ausschließlich aus der eigenen Organisation.

Intervallskala

Metrische Skala, bei der Ausprägungsgrade durch Intervalle der Messwerte festgelegt sind.

ISO/IEC 14143

Standard des →Functional Size Measurement

ISO/IEC 19761

Standard der →COSMIC-Methode

ISO/IEC 20926

Standard der →Function Point-Analyse

ISO/IEC 25010

Standard für Softwarequalität. Beschreibt Qualitätsmerkmale und ihre Ausprägungen. Löst den Standard ISO/IEC 9126 ab.

Iterative Entwicklung

Schrittweise Verfeinerung der Umsetzung von Anforderungen. Meist wird mit technisch und inhaltlich riskanten Anforderungen begonnen und das System mit jeder weiteren Iteration dem gewünschten Ziel angenähert.

Key Performance Area

Auch: KPA. Bereich, der einen Einfluss auf Prozess- oder Produkteigenschaften ausübt. Die Kenntnis der KPAs mit starkem Einfluss auf einen →Key Performance Indikator ist eine wichtige Voraussetzung für dessen gezielte Verbesserung.

Key Performance Indikator

Auch: KPI oder Leistungskennzahl. Im Kontext des IT-Managements Ergebniswert einer Metrik, der den Fortschritt eines Prozesses oder den Erfüllungsgrad einer Produkteigenschaft abbildet.

Komplexität

In der Softwareentwicklung versteht man unter Komplexität den Aufwand zum Verstehen eines Programms oder →Algorithmus.

Komponente

Abgeschlossener und wiederverwendbarer Softwarebaustein, der Dienste über wohldefinierte Schnittstellen zur Verfügung stellt und ohne Änderungen mit anderen Komponenten verknüpft und ausgeführt werden kann.

Komponentenmarktplatz

Elektronischer Marktplatz, auf dem →Komponenten zwischen Anbietern und Nachfragern ausgetauscht werden können.

Kontinuierlicher Verbesserungsprozess

Prozess stetiger kleiner Verbesserungsschritte. In der IT ein sich immer wiederholender Zyklus aus der Identifikation möglicher Verbesserungen aufgrund von Fehlerursachenanalysen und Benchmarks, ihrer Planung, Umsetzung und Prüfung der Wirksamkeit.

Managementmodell

Vorlage für die Implementierung eines →Managementsystems.

Managementsystem

Beschreibt die Aufgaben des Managements in einem bestimmten Kontext und Methoden zur Steuerung und Kontrolle der Zielerreichung.

Meilenstein

Zeitpunkt im Entwicklungsprozess mit besonderer Bedeutung, zu dem beispielsweise ein bestimmtes Arbeitsergebnis oder definiertes Zwischenergebnis fertig gestellt sein soll.

Meilensteintrendanalyse

Auch: MTA. Ausgewählte Plan-Termine des Projektplans werden über einen längeren Zeitraum verfolgt und aus dem Trend der Terminverschiebungen eine Wahrscheinlichkeit für weitere Terminverschiebungen auch anderer →Meilensteine abgeleitet.

Metrik

Hier: Softwaremetrik. Funktion, welche eine Eigenschaft eines Produkts oder eines Prozesses in einen Zahlenwert, auch Maßzahl genannt, abbildet.

Neuentwicklungsproduktivität

Prozessleistung bei der Entwicklung eines neuen Systems.

Nicht-funktionale Anforderung

Auch: Non-functional User Requirement, NFUR. Beschreibt für ein Produkt die gewünschte Eigenschaft eines Qualitätsmerkmals wie in →ISO/IEC 25010 beschrieben.

Objektivität

Eine →Metrik ist objektiv, wenn die Messwerte unabhängig vom Messenden sind.

Ökonomie

In der Softwareentwicklung die Laufzeit- bzw. Kostenminimierung von Systemen oder Prozessen.

Persistenz

Fähigkeit eines Systems, Daten (oder Objekte) oder logische Verbindungen über lange Zeit (insbesondere über einen Programmabbruch hinaus) bereitzuhalten.

Produktivität

→Prozessmetrik. In der Softwareentwicklung wird als Produktivität meist die →Effizienz betrachtet.

Prozessmetrik

→Metrik zur Messung der Eigenschaft eines Prozesses. →Produktivität ist eine Prozessmetrik zur Messung der →Effizienz.

Qualität

Erfüllungsgrad →expliziter und →impliziter Anforderungen.

Qualitätsmerkmal

Aspekt der Qualität. Die Norm →ISO/IEC 25010 beschreibt Qualitätsmerkmale.

Qualitätssicherung, analytische

Oberbegriff aller Tätigkeiten zur Suche, Behebung und Nachverfolgung von →Fehlern.

Qualitätssicherung, konstruktive

Oberbegriff aller Maßnahmen zur Verhinderung von →Fehlern, beispielsweise durch vorgegebene Prozesse, Methoden, Richtlinien, Werkzeuge, usw.

Quality Gate

Meilenstein im Projektablauf, bei dem die Fortsetzung des Prozesses von der Einhaltung definierter Qualitätskriterien abhängig ist.

Redesign

Strukturelle Verbesserung der →Softwarearchitektur ohne Veränderung der Funktionalität.

Refactoring

Strukturelle Verbesserung des Programmcodes ohne Veränderung der Funktionalität.

Release

In der Softwareentwicklung: Version einer Anwendung.

Return on Investment

Auch: RoI. Modell zur Messung der Rendite einer unternehmerischen Tätigkeit, gemessen am Gewinn im Verhältnis zum eingesetzten Kapital.

Standardsoftware

Im Gegensatz zur →Individualsoftware deckt Standardsoftware einheitliche Anforderungen vieler Kunden ab.

Softwarearchitektur

Strukturierung der →Komponenten einer Software, deren Eigenschaften und ihre Beziehung zueinander.

Systemarchitektur

Festlegung des grundsätzlichen Aufbaus eines Systems aus →Komponenten wie beispielsweise Anwendungen, Schnittstellen, Datenbankmanagementsysteme, Applikationsserver usw.

Technische Schulden

Vernachlässigungen bei der Neuentwicklung eines Systems, die sich durch eine schlechte →Wartbarkeit und eine geringe →Weiterentwicklungsproduktivität auswirken.

Testabdeckung

→Metrik zur Messung des Anteils von auf →Fehler überprüften →Elementarprozessen, Zweigen des Programmablaufplans, Codezeilen usw. gegenüber der Gesamtmenge.

Testautomation

Automatisierte Ausführung von Testfällen, beispielsweise durch automatisierte Komponententests, End-to-End-Tests oder Belastungstests.

Umfangsmetrik

→Metrik zur Messung der Größe eines IT-Systems. Je nach Messverfahren kann sich die Messung auf den Funktionsumfang, die Programmlänge usw. beziehen.

Validität

Eine →Metrik ist valide, wenn die Messwerte die zu messende Größe repräsentieren.

Wartbarkeit

Kriterium für den Erfolg und Aufwand von Änderungen. Es gibt →Metriken, die als Indikator für die Wartbarkeit eines Systems dienen. Eine schlechte Wartbarkeit wirkt sich nachteilig auf die →Weiterentwicklungsproduktivität aus.

Wasserfallmodell

Vorgehensmodell, das im Gegensatz zur →iterativen Entwicklung den Entwicklungsprozess in Phasen unterteilt, die sequentiell abgearbeitet werden müssen und jeweils von den Ergebnissen der vorhergehenden Phase abhängig sind.

Weiterentwicklungsproduktivität

Prozessleistung bei der Weiterentwicklung eines bereits bestehenden Systems.

Wissensarbeit

Tätigkeit, deren erfolgreiche Ausübung Wissen erfordert. Dies kann bereits erworbenes implizites Wissen des Wissensarbeiters sein, neues implizites Wissen, das sich der Wissensarbeiter zur Durchführung der Tätigkeit aneignet oder auch explizites Wissen, das der Wissensarbeiter recherchiert oder das ihm im Rahmen des Wissensmanagements zur Verfügung gestellt wird.

Zählobjekt

Objekt, das Gegenstand der Zählung durch eine →Umfangsmetrik ist, die auf definierten Regeln basiert.

Zuverlässigkeit

Eine →Metrik ist zuverlässig, wenn wiederholte Messungen des gleichen Messobjekts zum gleichen Ergebnis kommen.

Zyklomatische Komplexität

Auch: McCabe-Metrik. →Komplexität einer konkreten Implementierung, die auf der Anzahl der unabhängigen Pfade ihres Kontrollflussgraphen basiert. Die Metrik wurde 1976 von Thomas J. McCabe entwickelt.

Literaturverzeichnis

Cobertura 2015 GitHub Inc. (2015): Product Website „Cobertura - A code coverage utility for Java". URL https://github.com/cobertura/cobertura (12.02.2015).

Cockburn 2002 Alistair Cockburn (2002): „Use cases, ten years later". URL http://a.cockburn.us/2098 (11.02.2015).

COSMIC FSM 2014 COSMIC FSM (2014): „The COSMIC Functional Size Measurement Method Version 4.0; Measurement Manual; The COSMIC Implementation Guide for ISO/IEC 19761:2011".URL http://www.cosmicon.com/portal/public/MM4.pdf (11.02.12015).

Fettke/Loos/Viehweger 2003 Peter Fettke/Peter Loos/Björn Viehweger (2003): „Komponentenmarktplätze – Bestandsaufnahme und Typologie". Johannes Gutenberg-Universität Mainz & Technische Universität Chemnitz, Feb 2003. URL http://www.fachkomponenten.de/docs/wkba5/b1.pdf (29.04.2015).

ISO/IEC 14143 2007 ISO/IEC 14143-1:2007 (2007): „Information technology -- Software measurement -- Functional size measurement -- Part 1: Definition of concepts". ISO (International Organization for Standardization).

ISO/IEC 20926 2009 ISO/IEC 20926:2009 (2009): „Software and systems engineering -- Software measurement -- IFPUG functional size measurement method 2009". ISO (International Organization for Standardization).

ISO/IEC 25010 2011 ISO/IEC 25010:2011 (2011): „Systems and software engineering -- Systems and software Quality Requirements and Evaluation (SQuaRE) -- System and software quality models". ISO (International Organization for Standardization).

Kamiske/Brauer 2007 Gerd F. Kamiske/ Jörg-Peter Brauer (2007): „Qualitätsmanagement von A - Z: Erläuterungen moderner Begriffe des Qualitätsmanagements". Carl Hanser Verlag.

Luckhaus 2014 Stefan Luckhaus (2014): „Produktivitätssteigerung in der Softwareentwicklung: Band 1 - Produktivitäts- und Leistungsmessung - Messbarkeit und Messmethoden". PASS IT-Consulting Dipl.-Inf. G. Rienecker GmbH & Co. KG.

Mountainminds 2015 Mountainminds (2015). Product Website „JaCoCo - Java Code Coverage for Eclipse". URL http://www.eclemma.org/jacoco (12.02.2015).

PASS 2013 PASS (2013): „Description of the PASS Data Interaction Point Method (DIP Method)". PASS Consulting Group (unpublished).

Selenium 2014 Selenium User Group (2014): Website „SeleniumHQ Browser Automation". URL http://docs.seleniumhq.org/ (30. 08 2014).

SonarSource 2014 SonarSource (2014): Product Website „SonarQube - Put your technical debt under control". URL http://www.sonarqube.org (12.02.2015).

Sondalini 2005 Mike Sondalini (2005): „RCFA and 5-Whys Tips for Successful Use". Lifetime Reliability Solutions. URL http://www.lifetime-reliability.com/free-articles/reliability-improvement/RCFA_and_5Whys_Tips.pdf (12.02.2015).

Tyto 2014 Tyto Software (2014): Vendor Wesite „Sahi - The Tester's Web Automation Tool". URL http://sahipro.com/ (30.08.2014).

Wallmüller 1990 Ernest Wallmüller (1990): „Software-Qualitätssicherung in der Praxis". Hanser Fachbuch.

Über den Autor

Stefan Luckhaus ist Informatiker mit mehr als 30 Jahren Berufserfahrung. Seit 1981 ist er in der Softwareentwicklung tätig und schloss 1988 sein Informatikstudium in Frankfurt als Dipl.-Ing. (FH) ab. Danach war er 10 Jahre selbständig. Seit 1998 ist er Mitarbeiter der PASS Consulting Group (www.pass-consulting.com). Dort war er anfangs als Entwickler tätig. Später leitete er Entwicklungsprojekte, die ihn in die USA, nach Singapur, Indien und das europäische Ausland führten. Heute leitet Stefan Luckhaus das Competence Center Project Governance, das die Verfahrenstechnik zur Softwareentwicklung der gesamten PASS-Gruppe bereit stellt und auch Produktivitäts- und Qualitätsmessungen, intern für ca. 20 IT-Shops sowie im Kundenauftrag, durchführt. Er ist Mitarbeiter des R&D-Bereichs der PASS-Gruppe und hat den Beraterstatus eines Principal Innovation Consultant.

Die Fachgebiete von Stefan Luckhaus sind Softwaremetrie, Qualitätsmanagement sowie Vorgehensmodelle und Verfahrenstechniken zur Softwareentwicklung. Er leitet im Branchenverband BITKOM (Bundesverband Informationswirtschaft, Telekommunikation und neue Medien e.V.) den Arbeitskreis Qualitätsmanagement, war am Leitfaden „Agiles Software Engineering Made in Germany" beteiligt und hielt mehrere Vorträge, u.a. auf dem Bitkom Software Summit.

Stefan Luckhaus ist in den sozialen Netzwerken Xing, LinkedIn und Twitter vertreten. Er publiziert außerdem in den Blogs www.it-management-blog.de und www.software-productivity.com.

Buchempfehlung

Stefan Luckhaus

Buchreihe
Produktivitätssteigerung in der Softwareentwicklung

Band 1
Produktivitäts- und Leistungsmessung - Messbarkeit und Messmethoden

Wie wird Softwareentwicklung produktiv, planbar und zuverlässig? Die IT hat nahezu alle Lebensbereiche durch fundamentale Innovationen verändert. Unsere Zukunft wird von der Virtualisierung und smarten Helfern, also mit Intelligenz ausgestatteten Dingen, dominiert werden. Software ist der Stoff, aus dem Innovationen entstehen. Softwareentwicklung ist eine Schlüsselkompetenz. Für Unternehmen, die Software entwickeln, sind Produktivität und Qualität kritische Erfolgsfaktoren. Nur mit geeigneten Messmethoden und durch regelmäßige Messungen kann einerseits der Aufwand geplanter Entwicklungen zuverlässig ermittelt und andererseits Produktivität und Qualität kontinuierlich verbessert werden. Dieses Buch beschreibt praktische Erfahrungen mit Messungen in der Softwareentwicklung: Vor- und Nachteile bewährter und neuer Methoden, ihre Automatisierbarkeit, den Einfluss der Komplexität und die Schritte zur Einführung.

ISBN

Hardcover: 978-3-9816563-2-9
Paperback: 978-3-9816563-7-4
e-Book: 978-3-9816563-8-1

Aus dem Inhalt

Vorwort

- Motivation
- Zukunftsgestalter IKT
- Das Ziel dieser Buchreihe
- Über dieses Buch

I. Einleitung

- Der Weg zum Innovationswettbewerb
- Innovationen entstehen durch Software

II. Die Evolution der IT

- IT durchdringt Unternehmen
- Entwicklung der Informationstechnik 1960 bis 2015
    - 1960 bis 1969
    - 1970 bis 1979
    - 1980 bis 1989
    - 1990 bis 1999
    - 2000 bis 2009
    - 2010 bis 2015
- Wie könnte die Zukunft aussehen?
- Die Bedeutung produktiver Softwareentwicklung

III. Was ist Produktivität und wie kann sie gemessen werden?

- Produktivität aus Unternehmenssicht
- Produktivität der Softwareentwicklung
    - Anforderung 1: Der Prozessumfang ist einheitlich und präzise abgegrenzt
    - Anforderung 2: Prozesse schließen mit einer einheitlichen Produktqualität ab

Anforderung 3: Der Input ist messbar
Anforderung 4: Der Output ist messbar

IV. Methoden zur Messung des Entwicklungsumfangs
Anforderungen an eine Umfangsmetrik
Codemetriken
Messungen des funktionalen Umfangs
Die Function Point-Analyse
Die COSMIC-Methode
Die Data Interaction Point-Methode
Vergleich der Messmethoden
Weitere Messmethoden

V. Automatisierung und die Grenzen der Messbarkeit
Messen als Querschnittsaufgabe
Ansätze zur Automatisierung
Unschärfen bei der Verwendung implementierter Systeme als Messobjekte

VI. Die Bedeutung der Komplexität
Die Komplexität einer Implementierung
Interaktionskomplexität
Algorithmische Komplexität

VII. Tipps zur praktischen Einführung
Definition der Ziele
Phase 1: Evaluierung und Justierung der Messmethode
Phase 2: Praktische Einführung, Erhebung von Vergleichswerten
Phase 3: Praktische Nutzung der Messungen

VIII. Fazit

Stefan Luckhaus

Aufwandsschätzungen in der agilen Softwareentwicklung

Einsatz von Methoden zur Messung des funktionalen Umfangs

Softwareentwicklung unterliegt Risiken, sobald sie an feste, vertraglich vereinbarte Rahmenbedingungen gebunden ist; Rahmenbedingungen wie die Lieferung eines festen Funktionsumfangs zu einem festen Preis und an einem vereinbarten Liefertermin. Viele dieser Risiken können durch die Prinzipien agiler Softwareentwicklung gemindert werden. Die Planung und Steuerung, um Entwicklungsprojekte innerhalb dieser Parameter navigieren zu können, erfordert außerdem Methoden zur Aufwandsschätzung. Damit diese die Vorteile agiler Entwicklung nicht mindern, müssen sie schnell anwendbar, im Idealfall automatisierbar sein und sich nach jedem Sprint selbst kalibrieren.

Dieses Buch beschreibt, wie Umfangsmetriken in der Praxis einer an agilen Werten orientierten Softwareentwicklung gewinnbringend eingesetzt werden können, welche Unterschiede und Einschränkungen es gibt, wie die Genauigkeit der Aufwandsschätzungen mit jedem Sprint erhöht werden kann und wie automatisierte Messungen möglich sind.

ISBN

Hardcover: 978-3-7323-6593-7
Paperback: 978-3-7323-6594-4
e-Book: 978-3-7323-6595-1

Aus dem Inhalt

Merkmale und Bedeutung agiler Softwareentwicklung
- Entstehungsgeschichte
- Status quo
- Zuverlässigkeit

Methoden zur direkten und indirekten Aufwandsschätzung
- Prinzip der inkrementellen Entwicklung
- Expertenschätzungen
- Indirekte Schätzungen mit Story Points
- Indirekte Schätzungen durch Bestimmung des funktionalen Umfangs
- Zusammenfassung

Methoden zur Bestimmung des Entwicklungsumfangs
- Function Point-Analyse
- COSMIC-Methode
- Data Interaction Point-Methode
- Erweiterung der Methoden zur Bestimmung des Weiterentwicklungsumfangs
- Einfluss der Komplexität
    - Komplexität einer Implementierung
    - Interaktionskomplexität
    - Algorithmische Komplexität
- Methodenvergleich
- Weitere Methoden

Messung des Referenzwerts für eine indirekte Aufwandsschätzung
- Nachträgliche Messung der Produktivität
  - Prozessabgrenzung
  - Betrachtung von Teilprozessen
  - Einhaltung festgelegter Qualitätskriterien
- Automatisierte Messungen
  - Abbildung zu zählender Objekte auf konstruktive Merkmale
  - Mögliche Einschränkungen
- Iterative Präzisierung der gemessenen Produktivität
- Berücksichtigung nicht-funktionaler Anforderungen
- Regelmäßige Messungen
  - Zusammenhang von Produktivität und Qualität

Fazit